企鹅人生

PENGUIN LIVES

乔伊斯

〔爱尔兰〕埃德娜·奥布赖恩 著

李阳 译

James Joyce

生活·讀書·新知 三联书店

蹦得儿蹦呀，找个舞伴来跳上一跳啊，
抖起你的膀子把地板蹬呀，
我说的话儿没个错啊，
芬尼根的守灵夜闹得欢呀。

——摘自爱尔兰民歌《芬尼根的守灵夜》

目　录

很久很久以前　1

耶稣会学校　9

墨水瓶　17

背　叛　27

孤　儿　41

狂　欢　55

诺　拉　63

流　亡　75

宣　言　91

背　叛　107

水　桶　115

障　碍　127

调　情　139
尤利西斯　153
塞　壬　177
比奇小姐　191
名　声　199
维沃尔小姐　215
芬尼根的守灵夜　225
亲　友　243
他自己和其他人　259
离　去　277

参考书目　288

很久很久以前

很久很久以前[①]，曾有个人走在都柏林的街上，他说自己是魔法师迪达勒斯（Dedalus）[②]，迷宫的建造者和伊卡洛斯（Icarus）[③]之翼的制作者。伊卡洛斯飞得离太阳太近，他坠入了海中，而使徒般的都柏林人詹姆斯·乔伊斯也深深地坠入了文字的深渊——从年轻时的“灵启示现”（epiphanies）[④]到晚年成为“解读母亲书信的专家”（epistomadologies）[⑤]。

詹姆斯·乔伊斯，一个穷快活的人，好比在一片令人沮丧的贫民窟中用破旧的托梁支起了一间欢快的小屋。他的名字来源于拉丁文，意为“快乐”，但他却时常觉得

---

① 本书作者喜欢模仿、借用乔伊斯的句式。本书开篇的“很久很久以前”，与乔伊斯的《一个青年艺术家的画像》（*A Portrait of the Artist as a Young Man*）的开篇首句相同。书中所有脚注均为译者注。

② 迪达勒斯：希腊神话人物，建筑师和雕刻家，曾为克里特国王建造迷宫，后以蜡翼与子伊卡洛斯双双逃离王囚。

③ 伊卡洛斯：希腊神话人物，迪达勒斯之子，与其父双双以蜡翼粘身飞离克里特岛，因飞得太高，蜡被阳光融化，坠爱琴海而死。

④ 乔伊斯常写一些散文杂记，如对话、独白、梦境描写以及精神生活的意象等，他称之为“灵启示现”，意指某些文字在诗意揭露的同时，也揭露“万物纯然无二的本质”。

⑤ 这应该是作者自创的词：“epistola”（epistle）+“ma donna”（my lady）+“logos”（reckoning），合起来即为“epistomadology”，意为“对母亲书信的解释”。在乔伊斯最后一部长篇小说《芬尼根的守灵夜》（*Finnegans Wake*）中，女主人翁安娜·利维娅·普拉贝尔（Anna Livia Plurabelle）在半夜十二点给她的双胞胎儿子（原型为詹姆斯·乔伊斯和他的弟弟）写信，对这封信的解读成为全书最重要的线索。

自己并不快乐——他认为自己是一个对基督的尘世躯体不屑一顾的肤浅的耶稣会信徒，一个好色之徒，一个穷奢极欲的基督教教友，一个无所不懂的人，一个“阉牛之友派大诗人”（bullock-befriending bard）[①]，“所有的哑剧演员当中最可爱的一个”[②]，一个以教士自居的“混蛋金赤”[③]，一个穿着高级僧袍的修士，一个舵手，好似普尔贝半岛上的灯塔[④]，还有解读爱尔兰古文抄本[⑤]的天赋。

他是个狂纵放荡、又彰显出很多矛盾之处的人。他害怕狗和雷声，却能使初识他的人心生畏惧、甘拜下风；他在三十九岁时还会因为未能拥有一个自己的大家庭而潸然泪下，却又痛斥社会和教会使他母亲像众多爱尔兰

---

① “阉牛之友派大诗人”是乔伊斯的长篇小说《尤利西斯》第十四章中，主人公斯蒂芬·迪达勒斯（Stephen Dedalus）的朋友勃克·穆利根（Buck Mulligan）给他起的外号。在小说中“阉牛之友派大诗人”暗指荷马。此处指乔伊斯和斯蒂芬·迪达勒斯一样是荷马式的诗人。

② “所有的哑剧演员当中最可爱的一个”是《尤利西斯》第一章中勃克·穆利根对斯蒂芬·迪达勒斯的谑称。

③ “金赤”（kinchite）是《尤利西斯》中勃克·穆利根给斯蒂芬·迪达勒斯起的外号。穆利根把斯蒂芬比作利刃，用“金赤”来模仿其切割声。

④ 普尔贝半岛上的灯塔，见乔伊斯的小说《芬尼根的守灵夜》。

⑤ 爱尔兰古文抄本是爱尔兰文明中非常重要的一环，除了文字极为华丽、极具艺术价值外，还保存了许多欧洲的拉丁文、希腊文典籍，使它们在蛮族肆虐的黑暗时期幸免于难。此处作者是指乔伊斯在《芬尼根的守灵夜》中引用了拉丁文圣经福音书《凯尔斯书》（*The Book of Kells*）。

母亲一样，变成了“养育孩子的破坛烂罐”。他的母亲总共生过十六个孩子，有些未出襁褓就夭折了，也有一些没能捱过童年，但最终她和她丈夫还是不得不供养十名子女成人。

乔伊斯将他孩提时代的家称为“挥之不去的墨水瓶”。随着财务状况每况愈下，他们共搬了十二三次家。起初房子还相当舒适，甚至还有几分华丽。他的母亲梅·默里（May Murray）小姐，是都柏林一位酒商的女儿，能歌善舞，举止优雅，贤淑有礼。她是个笃信宗教的姑娘，一生都是“圣母姐妹会”（Sodality of Our Lady）的会员。她也是教堂唱诗班的歌手，她未来的丈夫约翰就是在那里为她倾倒，才对她展开追求的。约翰大她十岁、是个“想做什么就做什么”的拉伯雷式人物（Rabelaisian）[①]。约翰的母亲认为默里家门第低下，因而反对他们交往，但约翰情真意切，穷追不舍，甚至搬到了默里家同一条街上，以便带着梅散步。在都柏林，恋爱不过是如此：在昏黄的灯光下走过雾气弥漫的街道，沿着运河漫步，或者到海

---

① 拉伯雷（François Rabelais，1493—1553）：文艺复兴时期法国著名的人文主义学者、作家、教育思想家，著有《巨人传》。离经叛道、放荡不羁、滑稽荒诞、不修边幅的人常被称为“拉伯雷式人物”。

滨去。那片海滨因被詹姆斯·乔伊斯写进散文而变得不朽——“冷冽的灯光洒在海上，照耀着沙滩上的沙子和巨砾”，他还描绘过海水渗入或溅进杯状的岩石的情景。他父母漫步过的地方，当他长成一名青年、一个漂泊者和梦想家时，也将走过。他将在他的小说中描绘每一个脚印、每一声鸟啼、每一片或干或湿的沙子、每一棵翠绿色或橄榄色的海藻。他将把它们写下来，形成一片语言的海市蜃楼，立刻鲜活真切又变幻莫测起来，并永远被人们称为乔伊斯的都柏林。他对此非常自豪，说假如他那个时代的都柏林被毁灭了，人们完全可以根据他的小说进行重建。

詹姆斯·奥古斯丁·乔伊斯（James Augustine Joyce）是他们的第二个儿子，生于1822年2月2日。此前有一个叫约翰的婴儿，一生下来就死了，使得约翰·乔伊斯陷入了一种有些矫揉造作的悲伤中。他说：“我的生命也随着他一起埋葬了。”梅·乔伊斯什么也没说。顺从丈夫是她的天性，对于命运的沧桑她也只能逆来顺受了。约翰·乔伊斯的生命并没有随着他的长子一起埋葬。他是个体格强健、精力充沛的人，有很多年都是生气勃勃、诙谐幽默。但在梅怀孕了十六次，家也搬了差不多同样次数后，贫穷、失意和孩子接连的夭折，的确使这个家破败了起来。约翰对妻子娘家——有时也对妻子本人——的怨恨不时会爆发出来。“默里”这个姓氏令他感到臭不可闻，而“乔伊斯”这个姓氏却令他“感受到微醺的芳香”。家里只摆出了乔伊斯氏祖先的照片，乔伊斯家族的盾徽也被骄傲地展示出来。约翰是个才华横溢的人，一位出色的男高音歌手、一个口若悬河的健谈者，但他的智慧却被一股令人难以忍受的粗鄙之气遮掩了。

詹姆斯小时候，人们都叫他“阳光吉姆”。作为人人喜爱的宠儿，他时常会偷偷摆脱大人的照看，溜到楼梯下，兴高采烈地大喊：“我在这儿呢，我在这儿呢。”他五岁的时候，就已经在星期天音乐派对上演唱，并陪父母在布雷划船俱乐部（Bray Boat Club）朗诵。也是在那时候，他就已经因为近视戴上眼镜了。那时候他热爱他的母亲，是非常明显的。浸润在天主教会的仪式和规诫中的他，将母亲视为圣母马利亚。他母亲是个极其虔诚的教徒，信任听她忏悔的神甫甚于她的任何家人。她对“阳光吉姆”充满占有欲，警告他不得和野孩子厮混，甚至在他六岁时，一个叫艾琳·万斯（Eileen Vance）的小女孩送给他一张情人节纸条，他母亲都不允许。那纸条上写的是：

> 噢，吉米·乔伊斯，你是我的小心肝！
> 你是我的梳妆镜，我愿日日夜夜照着你。
> 我情愿选择身无分文的你，
> 也不要有驴子有花园的哈利·纽沃尔。

詹姆斯觉察到妈妈“闻上去比爸爸香”，他将越来越多的柔情倾注在妈妈身上，然而当他离开她时，他却装作没有看见她刻意掩饰的眼泪。

耶稣会学校

克朗戈伍斯森林公学（Clongowes Wood College）那阴森恐怖的城堡，就是乔伊斯在“六点半”[①]那年注册就读的小学。他父亲想让自家的小神童受到最好的教育，把他送进了耶稣会学校。那里年龄较大的孩子们“捉弄”他，问他睡觉前要不要亲吻妈妈。他承认了，但很快就发现这是个错误，此后便一再否认。成年后他说耶稣会是个“冷酷无情的组织，以耶稣为名真是反讽”。但他也承认在那里受到的教导无比珍贵。在詹姆斯离家那天照的一张照片上，他打扮得像“小爵爷方特勒罗伊”（Little Lord Fauntleroy）[②]一样，跪在母亲身旁。她母亲两旁分别站着她的丈夫和父亲。两个男人相互很不友好。约翰·乔伊斯称岳父为“老不正经”，因为他结过两次婚；岳父眼看着自己恬静的女儿因为年年怀孕、抚育婴儿和照料成群儿女而日渐憔悴，也难免对约翰心生怨恨。

很快就有人报告说詹姆斯待在医务室的时间比在教

① 1888年乔伊斯进入克朗戈伍斯森林公学时，是年纪最小的学生。有人问他年龄，他却答成了表示时间的“六点半”（half past six），于是“六点半”成了他的绰号。

② “小爵爷方特勒罗伊”是英国女作家弗朗西丝·霍奇森·伯内特（Frances Hodgson Burnett）1886年发表的同名小说的小主人公，其所穿带花边领子的黑天鹅绒衫，经作者细致描述和插图者雷金纳德·伯奇（Reginald Birch）精彩绘制，在欧美风靡一时，成为小男孩的流行装束。

室还要长。他遭受的一次冤屈使他愈发想家。他始终没有忘记也没有原谅这次冤屈。原谅人是他深恶痛绝的事情。一个男孩抢走了他的眼镜并踩碎了，一个神甫却认为这是乔伊斯为了逃课而自己干的，对他实施了“打手心”的处罚。他当众没有落泪，晚上却哭了，害怕在妈妈来接他之前他就会死去。他为地上的母亲和天上的圣母写了一首赞美诗。作为祭坛助手，天主教堂里的各种典礼仪式使他产生了一种灵魂出窍的感觉，象牙塔里的圣母则成为他崇拜的对象。起初，他觉得教堂像剧院一样宏伟壮丽，后来他意识到不近人情的高级教士们用洪亮而低沉的嗓音进行的布道很是恐怖，他们在幸灾乐祸地渲染着人类将受到的惩罚和地狱的水深火热，他的看法变了。他吸收了这一切，记住了这一切，把它们写进了他那枯燥乏味、令人备受折磨的自传体小说《一个青年艺术家的画像》（*A Portrait of the Artist as a Young Man*）中。但是恐惧深深地植入了他的心中，他时常感到死神在沿着他的四肢爬动，就像苏格拉底临终前看到毒芹汁在体内流动一样，头脑中明亮的区域像灯灭一样，一处又一处地消失了，而灵魂则在与上帝的对抗中，滑向永恒的目的地：天堂、炼狱或者地狱。

他在那里只待了三年，就因为交不起学费而辍学了。因此当他回家时，看到家里的房子又小了。此后几个月，他在家里自修学业，写诗，并开始创作一部小说，但这部小说后来不知所终，了无痕迹了。他在一所“基督教兄弟会”[①]的小学短暂就读后，又进入了贝尔维迪尔公学（Belvedere College），这也是一所耶稣会学校——正如他所说：“做了终生耶稣会徒，只为学历。”但是他已经开始疏远他曾经挚爱过的母亲。还在克朗戈伍斯就读，行坚信礼并被允许挑选圣名时，他选择了阿洛伊修斯（Aloysius）——这位圣人模仿帕斯卡（Pascal）[②]，因为害怕接触女人，不让母亲拥抱自己。詹姆斯在新学校课业优秀，还获得了全爱尔兰最佳英语作文奖。这笔钱帮助贫穷的家添置了衣服食品，甚至还使他们偶尔能到剧院看场戏。人们都以为他将来会成为一名神甫。他极其虔诚，弥撒之后还要留在教堂与上帝进行私下交流。他母亲会因为他的好学，专门给他煮米饭吃。当全家到豪斯或者克朗塔夫海岸的“牛岛”（the Bull Wall at Clontarf）

---

① 基督教兄弟会是1684年在法国创立的从事贫民教育的天主教世俗团体。

② 布莱士·帕斯卡（1623—1662）：法国数学家、物理学家、思想家。乔伊斯在《一个青年艺术家的画像》中曾提及帕斯卡的故事。

等地方野餐时，他也会带上记有历史和文学摘要的小笔记本，以及法文和拉丁文单词表。当别的小孩游泳时，他会给自己做测验，让母亲出题考他。教过他的神甫都认为他头脑中充满了奇思妙想。有一位神甫预测这个“漂亮小伙儿”将成为一名作家。

短短几年间他经历的变化，简直需要一个日本武士全部的决心。他从孩子气的温柔变得严酷地冷漠，从畏缩和虔敬变得怀疑和叛逆。他的第一次性觉醒出现在十二岁那年。他和一名年轻保姆一起回家，保姆要解手时吩咐他转过身去。但保姆解手的声音却令他感到兴奋。一年后他被一名妓女当街拦住，他那摇摇摆摆的信仰很快就烟消云散了，他意识到自己过不了守身如玉的禁欲生活。起初一切都是隐秘的，他在家里和学校中的生活是一回事，他的内心世界却是截然不同的另一回事，他开始质疑教会和家庭灌输的教条。不久，他开始进出妓院，他对那些被视为禁地的房子的迷恋维持了一生。他视青楼为所有城市中最有趣的地方。他把它们写进《尤利西斯》，赋予它们一种令人战栗、令人迷幻的生气，然而，他自己经常光顾的妓院却并非如此，倒像是破旧的地牢。他以前认识的姑娘，那些在圣诞晚会上和他一起玩用动作表演的字谜游戏的修女们——都配不上他这个决心“找个伴儿一起犯戒，通过犯戒而销魂”的人。

耶稣会觉察到这种放荡行为，讯问了他的弟弟斯坦尼斯劳斯（Stanislaus）。被誉为“有用的保护伞”的斯坦尼斯劳斯，在生活中的角色就是个常被殃及的弟弟。他在讯问中被吓坏了，透露说詹姆斯经常在卧室里和一名年轻女仆嬉闹，于是乔伊斯太太被传唤来。她解雇了那名女仆，并向邻居们通报了那姑娘的罪过。乔伊斯太太不惜一切代价想保持家庭的清誉，然而这何其困难！这个家只有三间卧室，却有八九个孩子，母亲还会怀孕，父亲回家时总是酩酊大醉，怒气冲冲，骂骂咧咧。“洞房的床，小孩的床，避邪蜡烛[①]照着死亡的床”——小詹姆斯目睹了这一切。

又一个孩子弗雷德里克夭折后，悲痛欲绝的父亲扼住了母亲的喉咙，想要掐死她。他咆哮着：“上帝啊，这日子没法过了。”家里一片混乱，年幼的孩子们惊恐万状，詹姆斯将他父亲打倒在地，绑住了双臂，他母亲乘机逃到了邻居家。几天后，一名警官打来电话，严厉地

① “避邪蜡烛”出自《尤利西斯》第一章，主人公斯蒂芬·迪达勒斯描述母亲临终前情景时说：“那支避邪蜡烛照着她弥留之际的痛苦。”

斥责了他父亲，殴打或许停止了，但威胁和咆哮仍在持续。约翰·乔伊斯刚愎自用的天性找不到排遣的出口，只好拿家人来出气。有一天晚上，半醉的约翰在小詹姆斯的护送下走过卡佩尔街桥（Capel Street Bridge）。约翰突发奇想，觉得这孩子该受些培养性格的训练，就把他头朝下拎起来，倒吊在利菲河（Liffey）上好几分钟。然而这位父亲的鲁莽之举却没有受到谴责，因为他们俩都是“恶人”。

墨水瓶

多年来，乔伊斯家不断地搬迁着，搬到的地方越来越不清爽。从外观体面的都柏林南部，搬到了海滨的布雷，然后又搬回都柏林，住进了一栋小小的排屋，继而又搬到了城北一处更寒酸的住所。那里离贫民窟不远，家家户户门上的楣窗都是破裂的，邻近街巷的女人们推着手推车叫卖卷心菜和土豆。随着他们在不同地区安营扎寨，詹姆斯在头脑中勾勒出一幅城市的略图。他父亲预言，如果把这小家伙扔进撒哈拉去，他也能画出那片大沙漠的地图。詹姆斯已经在思考逃脱的问题。他认为家庭是一个人必须逃离的罗网，但他也知道，那些羁绊其中的人——逆来顺受的母亲、狂纵暴躁的父亲、懦弱而困惑的弟弟妹妹们，都将成为他未来作品的潜在素材。因为他像索福克勒斯（Sophocles）[①]一样，认为伟大的故事起于家庭的锅台。他看到了太多的事情，家庭对他的需求也很多。他的弟弟乔治因腹膜炎在家中垂死时，不停地哭喊"我还小，我不想死"，詹姆斯坐在钢琴旁，弹奏了一首他为威

① 索福克勒斯（公元前495—前406）：古希腊三大悲剧诗人之一，代表作有《俄狄浦斯王》和《安提戈涅》等。

廉·巴特勒·叶芝（William Butler Yeats）[①]的诗谱写的曲子。这些是他认为自己读过的最美的诗句："此刻，谁将与弗格斯驱车同行 / 穿透那深邃密林织出的阴翳……"

当整个家庭沉浸在悲痛中时，他既要做儿子又要做父亲。但那天晚上当所有人都入睡后，他返回楼下看那具小尸体，注意到在他弟弟那迟迟不肯合上的眼皮底下，他眼睛的幽蓝仍清晰可见。这种后来弥漫在他的小说集《都柏林人》（*Dubliners*）中的怪异恐怖的柔情，相伴了他一生。他和家里的所有人都不亲近。他从卡佩尔街的图书馆借书，如饥似渴地阅读。当他带出一些可疑的材料时，理所当然地激怒了图书管理员。有时候他打发他弟弟斯坦尼斯劳斯去借书，或替他典当东西。他已经不把家里的任何人放在眼里了。他不畏惧家人或老师的任何责难。贝尔维迪尔公学的神甫们以为他或许已经在吉尼斯黑啤酒厂谋定了一个文书职位，他父亲则认为他适合做法律工作。他一时兴起，决定学医，但实际上只是

---

① 威廉·巴特勒·叶芝（1865—1939）：爱尔兰诗人、剧作家，著名的神秘主义者，"爱尔兰文艺复兴运动"的领袖，1923年获诺贝尔文学奖。此处提及的诗题为《谁将与弗格斯同行？》（*Who Goes with Fergus*？），弗格斯是爱尔兰文学中的战争英雄，在《尤利西斯》中，主人公斯蒂芬·迪达勒斯在母亲弥留之际，曾吟咏此诗。

浅尝辄止。与此同时，他还考虑过拿上一把琉特琴，做一个吟游诗人，去周游英国。他很少去听课，在家里也不自习，甚至连考试都不参加，整天在大街上晃荡，思考着他那些“灵启示现”，一遍又一遍地修改音节，使之像是“五光十色的多棱镜”。

尽管周围人的生活污秽鄙陋，乔伊斯决心还是要观察他们的生活，描绘他们的生活，“在天籁之音中，把这一切传递到国外去”①。他总是装出一副漫不经心的样子，如果说他给自己贴了什么标签的话，那就是“提防悲悯情绪”。他要脱离“童年的坟墓”，至少他是这么想的。去生活，去犯错，去跌倒②，沉溺在“麦克洛兰的欲望”中，这句溶入他的血液的话，成为他的座右铭。嫖娼并不需要花费太多钱——正如《尤利西斯》中，当斯蒂芬·迪达勒斯迈进那罪恶的渊薮时，老鸨所说的“尽管长了根鸡巴，可一个子儿也不称”。据斯坦尼斯劳斯说，乔伊斯去过的妓院中有一名妓女非常喜欢他，主动提出资助他

---

① 语出乔伊斯所著《斯蒂芬英雄》(*Stephen Hero*，即《一个青年艺术家的画像》之前身)。

② 语出《一个青年艺术家的画像》第四章，原文为：去生活，去犯错，去跌倒，去胜利，去用生命再创生命。

参加一个歌唱比赛，但他“太他妈的伤自尊了”，没有接受。他的自尊心的确很强。当有人告诉他，他因为没缴学费而被大学学院将名字写在布告栏上时，他竟然假装失明了。

发现易卜生（Henrik Ibsen）[1]，对于乔伊斯来说具有决定性的意义，就像圣保罗在前往大马士革的路上转变了信仰一样。作为剧作家，他认为易卜生的地位在莎士比亚之上；崇敬易卜生是因为易卜生鄙视虚假和伪善。在给易卜生的翻译人员写的一封信中，乔伊斯表明自己将成为支持易卜生所进行的战斗的一名未来勇士。他说“您是用头脑来作战并获胜的”。易卜生为他树立了一个榜样：按照自己内心英雄主义的驱使行事。他写道：“但是我们总是把最珍贵的东西保留在自己心底。”在这封寄给一位读不懂英文的名人的信中，一股向来深藏不露的自信跃然纸上，生动地表明了孤寂的乔伊斯情感其实有多么强烈。平素的含糊、嘲讽和傲慢都只是面具。在信的末尾他写道：“您的工作毕竟行将结束，您的声音将逐渐止息。黑暗正在您四周蔓延。”那时候他才十九岁。年轻

---

① 易卜生（1828—1906）：挪威剧作家、诗人，以社会问题剧著称，晚期作品转向心理分析和象征主义。代表作有《玩偶之家》、《群鬼》等。

人通常不懂这样的事情，除非他们对自己将陷入的黑暗已有预感。争吵、死亡、饥饿，经常需要省吃俭用，这就是他苦涩的学校生活，这使他鄙视起家庭和祖国。祖德曼（Sudermann）[①]有一出戏，描绘了一个家庭无情的分崩离析。看完这出戏后，他对父母说，他们其实根本没必要去看，因为他们在舞台上看到的天才，在他们家里也出现了，并且与家庭格格不入。他警告说，戏中的事情也会发生在他们自己的生活中。

出于娱乐，他模仿卡莱尔（Carlyle）[②]、麦考利（Macaulay）[③]或者红衣主教纽曼（Cardinal Newman）[④]的风格写剧评，第二天再与报纸上庸人们写的剧评相对比。他把缺乏智慧活力称为“爱尔兰的性病症状”。他周围充斥着精神上麻木不仁、怯懦地依附教会的人，他毫不掩饰自己对他们的厌恶。他想要像野鹅一样远走高飞，融入欧洲大陆

① 赫尔曼·祖德曼（1857—1928）：德国剧作家、小说家。

② 托马斯·卡莱尔（1795—1881）：苏格兰作家、历史学家。著有《法国革命》、《论英雄、英雄崇拜和历史上的英雄事迹》等。

③ 托马斯·麦考利（1800—1859）：英国政治家、历史学家。辉格党议员，曾任职于印度总督府最高委员会。担任过陆军大臣、军需总监等。著有《英国史》、《古罗马之歌》等。

④ 约翰·纽曼（1801—1890）：英国神学家兼作家，天主教枢机助祭。著有《论教会的先知职责》、《大学宣道集》等。

的文化。他对巴黎怀有梦想，说那里是“恋人世界中森林里的灯笼”。他牢记着自己的梦想，并把其中一部分抄录在笔记本上。这些梦想都是天马行空而令人烦恼的想象——一幅薄雾弥漫、白雪皑皑的童话仙境，突然闯进一头野兽来，这是他必须征服的意象。这头野兽咕哝着他听不懂的词语，无疑预示着他自己对语言的侵袭。他将语言提升到令人目眩的地步，词语经他串起来，就焕发出全新的光芒和色泽，成为他这个认为耶稣更多地是上帝之子、而非圣母之子的人的有多重含义、却无规则可循的连祷。

还在他十几岁时，他就与天主教会决裂了，但从另一种意义上来说，他永远也没能离开天主教。他无法离开，因为他母亲和教士们对他的灌输已深入骨髓。无论是对天上的圣母还是人间的母亲，他都发起了公开而顽强的战斗。他说天主教会是“基督教世界的洗碗女工”。教士们的布道起初使他充满恐惧，后来令他无比厌恶。他称他们为“半吊子神甫”。当他们用带着浓重鼻音的拉丁语说话时，他们声色俱厉、盛气凌人。他们剃着光头，头上闪着油光。他们身材粗壮，“因为吃了太多的精小麦而脑满肠肥”。他们说那些被诅咒的人将像冰雹一样坠入地狱。有一名教士在一次令乔伊斯难忘的冲动之下对他们说，即使世界上所有的疾病、所有的战争和所有的邪恶，都可以因为一次小小的罪过而避免的话，仍然是最好不要犯这种小小的罪过。何其荒谬！

在《一个青年艺术家的画像》中，斯蒂芬·迪达勒斯会说“我曾经试着热爱上帝”，但这一食言所暗指的是他厌恶上帝的神甫们。诗人是灵性的守护者，而教士却是灵性的破坏者和僭取者。那些被诅咒的人哭喊着乞求怜悯，他们的舌头烧成了火球，正如教士们清晰地描述的地狱之火一样真切。他的确逃走了，但摆脱了教会并不等于离开了上帝。宗教主题将浸透在他的作品中，《一个青年艺术家的画像》中描写的布道，将在他的未来读者中激起情感的震颤；散布在他的作品中的诙谐模仿的祈祷文和突然发出的断喝，则既是对他那些一派胡言的导师们的公然冒犯，也是致敬。他捧着自己的作品时就像“捧着圣杯”，他一生都坚称自己的所为就是“在行一种圣礼”。圣父、圣子、圣灵，和茅坑杰克·麦卡锡（Jakes McCarthy）[①]一起，使他创造的每一个不朽的单词都充满

① 见《尤利西斯》第七章。语出《自由人报》主编之口。杰克·麦卡锡是该报记者。杰克（Jack）与茅坑（jakes）同音，所以“茅坑杰克·麦卡锡”显然是句骂人的话。

了生气。他还有一个更世俗化的特点，他喜欢黑莓果酱，因为基督的荆棘冠就来自黑莓树。在大斋节[①]期间他也会打紫色的领结。

---

① 大斋节指复活节前为期四十天的斋戒和忏悔，以纪念耶稣在荒野禁食。

背叛

在所有伟大的爱尔兰作家中，乔伊斯与祖国的关系始终最为紧张，但也是最耐人寻味的。相形之下更加与世无争的贝克特（Beckett）[①]，态度则非常明确。贝克特把家安在法国，最终也用法语写作。尽管他那哀婉的作品也散发着他祖国的气息，他却没指望他的出生地福克斯罗克铭刻在世人的意识中。但乔伊斯做到了这一点。他决心让那座他被边缘化、被嘲笑并被文学圈排斥的城市改天换地。他要做爱尔兰民族的诗人。在他早期的一首诗里，他把自己比作一头牡鹿，不断地用鹿角去撞击大地。

约翰·米尔顿·辛格（John Millington Synge）[②]对于他在爱尔兰之外度过的每一个晚上都感到懊悔；叶芝则认为爱尔兰的古代英灵是他生来继承的遗产，也是他诗歌创作的内在源泉，而乔伊斯生来继承的遗产，却是费尔维尤（Fairview）的一座像鸟一样伏在旗杆上的石膏圣母像，

---

① 塞缪尔·贝克特（1906—1989）：爱尔兰剧作家、小说家，获 1969 年诺贝尔文学奖。代表作有剧本《等待戈多》。

② 约翰·米尔顿·辛格（1871—1909）：爱尔兰剧作家、诗人、散文家、旅行作家和民间文学整理者，爱尔兰文艺复兴运动的重要人物之一。

以及周围腐烂蔬菜和众多腐朽灵魂的酸臭味。[①]如果说这个人“愤怒”，那实在是用词太温和了，他像火山喷发一样暴烈。没有在那种贫困、丑陋的环境里生活过的人，是无法理解那里的成长历程给人带来的沉重打击的。更何况他们是家道中落，先是有仆人、有精心布置的桌子、有刻花玻璃、有钢琴、有中产阶级所能享用的一切配备的准上流阶层之家，衰败之后才搬到近乎贫民窟的蒙乔伊广场，住进鬼屋般阴森荒凉的房子，孩子们像老鼠一样坐在布满裂缝的门廊里。家道衰败对于乔伊斯，如同凤凰公园里的性丑闻散布开来后，汉弗莱·钦普登·伊厄威克（Humphrey Chimpden Earwicker）[②]感受到的屈辱一样影响深远。

当小詹姆斯走过费尔维尤的烂泥地时，他会思索并

① 参见《一个青年艺术家的画像》的第四章：“他（指斯蒂芬）走过了托卡河上的大桥，又一次转过脸来对那圣母的神龛冷冷看了一眼，那颜色已经褪去的神龛，像一只鸟一样蹲在……一根旗杆上。接着，向左一拐，他走进了通向他家的一条巷子。从河岸边高地上的菜园子里飘来烂菜叶淡淡的酸臭味。想着他父亲家的这种杂乱无章、无人管理和混乱的情况，这种停滞不前的植物一般的生活却将赢得他的灵魂，他不禁微笑了。”

② 汉弗莱·钦普登·伊厄威克：简称 HCE，《芬尼根的守灵夜》中的主人公，象征着乔伊斯对父亲约翰·乔伊斯的感觉：简直是个“老无赖”。HCE 在书中一出现，人们就谣传他在他经营的酒馆附近的凤凰公园做了伤风败俗的事情，法庭对他进行了审判，却因为案情众说纷纭，最终没有结论。

背诵纽曼红衣主教那些“用银线贯穿的散文”[①]，以努力从头脑中驱走吵闹不休的家人、他用来洗浴的搪瓷盆，以及那总是快一小时二十五分的厨房钟。他走过积水的小巷，一路经过垃圾堆、宰杀牲畜后废弃的腐肉堆、滴着水的树木、街角的店铺，来到一座石刻艺术品前，这会让他想起心目中的英雄易卜生的精神。他还会来到码头上，那里高大的轮船上黑色的纹章表示它们来自遥远的国度，那些都是他梦想逃去的地方。他始终不能忘怀自己当时的怒气，看到圣三一学院那些灰暗的大楼“死气沉沉地耸立在这座城市的愚昧中”，或者民族诗人托马斯·穆尔（Thomas Moore）[②]的雕像上覆满了虫子，都令他极度反感。就连朴实的卖花姑娘求他买花都会激怒他，使他对自己的贫穷更加暴怒。普鲁斯特（Proust）的玛德琳蛋糕（madeleine）[③]是决不会激发人来追忆这样严酷的

---

① 参见《一个青年艺术家的画像》第五章：“在他穿过费尔维尤那泥泞的地段时，就会想到纽曼那带有修道院气味的、用银线贯穿的散文。”

② 托马斯·穆尔（1779—1852）：爱尔兰诗人、讽刺作家和音乐家，拜伦和雪莱的朋友，主要作品有《爱尔兰歌曲集》、《拉拉·鲁克》等。

③ 马塞尔·普鲁斯特（1871—1922）：法国小说家，以七卷本长篇小说《追忆似水年华》而闻名。《追忆似水年华》中写道，男主人公在一个阳光明媚的午后，坐在软椅中，拿起一块玛德琳蛋糕，掰开一小碎块，蘸着红茶。随着味道在口中的蔓延，回忆起了他一生的经历。

景象的。对于乔伊斯来说，奥登（Wystan Hugh Auden）[①]对叶芝的评说正适合于他：“疯狂的爱尔兰伤害了你，迫使你成为诗人。”

教士们警告他的母亲，说他的信仰正在逐渐减弱。他们说他是异教徒，因为他拒绝忏悔或领圣餐。她知道这些情况，但还不知道他已经堕入了不可饶恕的大罪。她对他的影响力已经消失了。当詹姆斯准备前往巴黎，母亲为他打包二手衣服时，对他说了她的祈祷，希望他在离家期间能想明白究竟什么是心灵，心灵是怎样感受的。然而，詹姆斯已经唾弃了虔诚和柔情。这些使他气馁和厌恶，正如他的国家给他的感受一样。他说他离开祖国，是因为他害怕自己屈从于民族的劣根性：地域性褊狭，饱食终日无所事事[②]；弄虚作假，思想贫乏，夸夸其谈，却把感情留给上帝和死人。不过尽管他在情感上远离了母亲，他对母亲的记忆却总是挥之不去，这使他对母亲产生了一种怨怼。他把这种怨怼一直带到她临终的

① 威斯坦·休·奥登（1907—1973）：英国诗人、文学评论家。20世纪30年代英国左翼青年作家领袖。1946年入美国籍，1947年获普利策奖。

② 原文为“wind-and-piss philosophizing”，出处见《尤利西斯》第十二章：“犹如制革厂的猫似的，又是放屁、又是撒尿。”这是一句都柏林俚语，言下之意是：只会放屁、撒尿，什么事也不做。

病榻前，甚至在她死后仍未消散。

母亲写给身在巴黎的詹姆斯的众多信件，都是对和解的呼唤，以及她对获得儿子认可的被压抑的渴望。她希望他知道，她并不是像他想象的那样愚蠢，她之所以无知也并不是因为她没有改善自己的愿望。她已是个年过四十的女人，有十个孩子还活着，有五个夭折了，她的丈夫酗酒无度，总是把工资袋挥霍一空。她在给她那才华横溢的长子写信，谈论他的雄心和前景。她为儿子操的心真是令人心碎：詹姆斯只喝过滤的水或煮沸的水，除此之外的饮用水他一概不碰，就连这样的事情都让母亲牵挂不已。她向詹姆斯保证，一旦她能搞到一笔钱，就立刻给他汇去。当时她已经病入膏肓，尽管她本人还不知道，她居然能抽出时间，更不用说精力，来写这些信，真让人越发心酸。

詹姆斯写给母亲的信，态度从傲慢转为自哀自怜。他说他感到很冷，居无定所，想买一个煤油炉，却买不起。他已经四十八小时没进食了。一旦开始医疗学习后，他还需要钱买白大褂和解剖用具。他要求给他寄些书来，包括一本英国歌曲集和瓦格纳的歌剧集。他提醒母亲，要斯坦尼斯劳斯从当铺为他赎些书回来。他还没头没脑、漫不经心地告诉母亲，他的朋友（也是敌人）奥利弗·圣约翰·戈加蒂（Oliver St.John Gogarty）[1]给他写过信，说另一位朋友评论说“乔伊斯的特立独行，有些超尘拔俗的味道”。她连哄带骗地从丈夫那里要来了一笔钱，给詹姆斯汇了去，尽管这意味着要剥夺其他孩子的衣食。为了汇下一笔钱，她不得不卖掉了一块地毯，而詹姆斯只是轻描淡写地说，他希望卖的不是新地毯。母亲的眼疾异常严重，她几乎什么都看不见了。她的小女儿梅也患有眼疾，两人都去了眼科医院诊疗。詹姆斯建议她俩都配上合适的眼镜，却没说钱从哪里来。他还责备母亲有一次是星期六汇的钱，而星期天是不能取现的。此外，他的一些好裤子的钮扣脱落了。母亲告诉他不必担心，她将做一套新衣服给他。詹姆斯说希望衣服是蓝色的，还问母亲能否同时寄一顶蓝色的毡帽过来。他非常迷信，认为蓝色对他有辟邪作用。蓝色是他眼睛的颜色，也将是装饰《尤利西斯》第一版封面的颜色——这本“淫书”出版时，假如她还没有去世的话，非气死不可。对他家里的那群弟弟妹妹们来说，他的书简直就是出卖。他写

① 奥利弗·圣约翰·戈加蒂（1878—1957）：爱尔兰作家、爱尔兰文艺复兴运动的参加者。

到“鼻涕绿的海”[①]时，鼻涕就像海一样，也像一位母亲用指甲掐死的虱子一样，都是他日常的想象。但家里人不这么想，他们不能。他们认为作者暴露了他们的羞耻，又加强了这种羞耻，他们不能原谅。

他母亲爱他，情愿表现得像个求爱者，这一点清清楚楚地显露在她的信的字里行间，他的回报是装出一副漫不经心的样子。她要寄给他的布丁，一定会装在牢固的盒子里，包装得严严实实，以免被海关打开。他不时地也会说上一两句感谢的话，用欢快的口吻提到他用她寄来的钱买了晚饭，饭后又抽了一支雪茄，因为时逢狂欢节，他还买了五彩纸屑抛到街上。他绝对不提酒，也不提那些“荡妇”——和他交欢的妓女们。他用不规范的拉丁文，详细地描述了她们身体的细节，就像是些淫荡的解剖报告，散发给他那些一起学医的酒肉朋友们。这些文字是写在明信片上散发的，上面还贴着他本人的

① 原文为“the snot-green sea”。参见《尤利西斯》第一章。“鼻涕绿”（snot-green）是书中勃克·穆利根调侃斯蒂芬的一个词。他向斯蒂芬借了一块擦鼻涕的布，用完后说：“大诗人（指斯蒂芬）的鼻涕布。属于咱们爱尔兰诗人的一种新的艺术色彩，鼻涕绿……”然后他又眺望着都柏林湾，说：“这海不就是阿尔杰所说的吗：一位伟大可爱的母亲？鼻涕绿的海……”

照片——他像兰波（Arthur Rimbaud）[1]一样，穿着长大衣，活脱脱一个散发着巴黎的颓废情调和放荡不羁的艺术气息的浪子。乔伊斯的一个朋友柏尼（J.F. Byrne）在收到这样的明信片后，大为惊骇，竟然和他绝交了一段时间。后来，他遭到了报复：乔伊斯几乎不加修饰地描绘他，把他塑造成一个一心想当教士的假正经的人，让他出现在《一个青年艺术家的画像》中。[2]

与此同时，乔伊斯太太坚信她那勤奋好学的儿子正在教小学生读书，在巴黎圣母院或圣日耳曼教堂做晚祷，在研读亚里士多德的《形而上学》（Metaphysics），打算在五年内出版他的喜剧，在五年后出版他的"美学"著作。对于詹姆斯的怨毒和傲慢，她一次也没有质疑过。相反，她在信中试图掩饰家中的窘境，还恳求他将来给他父亲写信，因为约翰觉得自己被这个世界遗忘和抛弃了，为此非常伤心。她的这些信件既是她对詹姆斯的母爱的令人惊叹的见证，也让人们首度领略了成为《尤利

① 兰波（1854—1891）：法国诗人，创作生涯自15岁到20岁，其作品及简练奥秘的风格对象征主义运动产生了巨大影响，主要诗作有《醉舟》、《灵光篇》、《在地狱中的一季》等。

② 即书中叫做"克兰利"（Cranly）的角色。

西斯》中摩莉·布卢姆（Molly Bloom）的独特招牌的那种行文迅疾、不加标点的文风。提及她的另一个儿子查理时，她写道："别告诉他我写了这封信这纯粹是为他好为了尊重他的隐私他私下里很信任你相信你对他说的一切。"[①]人们通常认为，乔伊斯塑造摩莉·布卢姆这个人的灵感来自于他未来的心上人和妻子诺拉·巴那克尔（Nora Barnacle），然而，尽管摩莉的强烈性欲的确大多取自于诺拉，行文不加标点，偶尔又戛然止于句号，却是梅·乔伊斯的创造。在不谈论詹姆斯或家庭时，她会展现出一种她本性中的尖刻来。她敦促詹姆斯广交朋友，并尽可能地交有影响力的朋友。她建议他多与茅德·冈（Maud Gonne）[②]往来。茅德·冈刚刚嫁给了约翰·麦克布莱德（John McBride）。乔伊斯太太补充说，婚姻和做爱自然会妨碍麦克布莱德太太经营她更严肃的事业——她指的是茅德·冈的政治活动。茅德·冈是一名狂热的民族主义者，是新芬党（Sinn Féin）[③]成员。乔伊斯称她为"女强人"和神话人

---

① 原文未加标点。

② 茅德·冈（1866—1953）：诗人叶芝终生爱恋的女人，但她始终拒绝叶芝的追求。

③ 新芬党：爱尔兰民族主义政党，致力于爱尔兰的政治和经济独立并复兴爱尔兰的文化。"新芬"原意为"我们自己"或"自助"。

物“豁牙凯瑟琳”[1]。母子俩在评判人方面倒是所见略同。

詹姆斯对母亲的境况漠不关心，似乎只是当她在某些信中含糊其辞地提到自己健康状况不佳时，他才有所察觉。他回信问她究竟得了什么病。没过多久，从爱尔兰发来了一份语焉不详却将令他永远心痛的电报——“母病危，速归。”那时正是耶稣受难日的晚上，他不得不向所教的一名小学生借钱，才买了船票。在船上，他所沉思的，不是垂死的母亲，而是巴黎宽广的大道，身上洒着香水、散发着暖湿气味的妓女们。随之，船上灰色的引擎、法国海岸悬崖上的薄雾，以及汹涌的海浪，在他头脑中唤起了相应的音乐。艺术家的遐思盖过了作为儿子的意识。

母亲在癌症的折磨下慢慢死去，这是一幅残酷而又令人惊骇的画面，对于这个心灵备受煎熬的年轻人来说，是他一生中又一个决定性的时刻。母亲褐色的寿衣搭在她身旁的椅子上，她捡拾着被子上幻觉中的毛毛，用

---

① 是叶芝的剧作《霍利亨的女儿凯瑟琳》（*Kathleen Ni Houlihan*）中的女主人公。她被逐出了自己有四座农舍和四片绿地的家（象征爱尔兰的四个省），以一个贫穷的老妪形象出现，到一户爱尔兰人家要嫁给他们的长子。当她的新郎投身反英起义并献身后，她重新焕发青春，变成了一位美丽少女。身为演员的茅德·冈曾扮演这一角色。

气若游丝的声音对并不存在的医生说着话。最小的孩子巴比（Baby）当时只有九岁，央求大家让她进屋去。约翰·乔伊斯一筹莫展，只能对妻子说，死了也就“一了百了”了。梅的兄弟乞求詹姆斯和斯坦尼斯劳斯给临终的母亲下跪，并承诺复活节时作为他们应尽的部分义务，出席忏悔仪式和圣餐礼，但兄弟俩都不肯答应。这一幕在《一个青年艺术家的画像》中得到了再现：克兰利斥责冷酷无情的斯蒂芬不遵从母亲的遗愿，斯蒂芬回敬道：“我不伺候了。”在人们逼问他信仰方面的问题时，他说他既不相信圣餐，也不能说是不相信。

在他母亲少女时代的遗物中，有约翰早年写给她的情书。乔伊斯把这些情书拿进了花园，以便他在闲暇时阅读，看看它们在他未来的写作中能否派上什么用场。他读后认为毫无用处，就和斯坦尼斯劳斯一起把它们烧了。这样做未免有些草率，对于一个一向注意并搜集所有细枝末节，甚至曾自夸把一些出色的故事家的故事以及他们忘却的事情都写进了自己书中的未来作家来说，尤其如此。曾有人说这些情书中披露了一件不可告人的秘密。梅度蜜月回来时已经显出了孕相，尽管从没有人公开谈及此事，但有人含沙射影地提到过。

然而，母亲之死却既不能烧毁也不能终止对母亲的记忆。在乔伊斯的小说中，母亲一次又一次地回来折磨他。她抖掉了寿衣，她那呆滞无神的目光超越死亡紧盯着他，震撼和扭曲着他的灵魂。她只盯着他一个人，就仿佛他是唯一的孩子，某种意义上他也觉得自己是独子，尽管有时候他也把自己描绘为养子。他惧怕母亲，这点是无疑的，他想尽一切办法想克服这种恐惧，也是同样确实的，但母亲对他的影响实在太深远了。一个妓女的舌吻、舌头上的圣餐面包，还有他母亲的柔情，一直是三个标志，在为占据他的灵魂而搏斗着。假如她没有在那时死去，他为了自己的艺术创作，也许会杀了她。作家们和他们母亲的关系，实在是高深莫测。

孤儿

这个没了母亲的大家庭，经常要上演星夜大逃亡，因为他们不得不一再搬家以躲避房东和法警。他们的家当越来越少，已经不再需要马车来拉，只需要一辆手推车来运走一些杯子碟子、少量衣服，以及约翰·乔伊斯家族的祖先肖像。用不了多久他们又得搬家，要赶在新房东——“房东大人”——处罚他们之前离开。为了在这种夤夜逃亡中鼓舞大家的精神，父亲经常要带着他们唱歌：

把我的心带给你
把我的心带给你
馨香微风夜飘溢
把我的心带给你。[①]

他们靠信用贷款过活，还典当了家里所有能当出的东西。全家的饮食是茶、烤面包和烤面包时滴下的油滴，伴着男人们刻薄的幽默、他们因宿醉而引发的争吵，以及他们敏捷、冷漠而苦涩的唇枪舌剑。詹姆斯有六个妹

① 此歌也出现在《尤利西斯》第十五章，是男高音歌手巴特尔·达西教摩莉·布卢姆唱的歌。

妹，最小的巴比还在哭喊着要找妈妈。有三个男人酗酒：约翰、詹姆斯和一个小弟弟查理（Charlie）。斯坦尼斯劳斯和最大的女孩波普伊（Poppy）一起，勉力撑持着家务。波普伊才十五岁，就不能不乞求她父亲了，求他在发养老金的那天多少带些钱回家。詹姆斯整天不着家，来来去去。他总是和朋友或表亲们厮混在一起，但也经常因游手好闲而遭驱逐。他曾在戈加蒂的一座圆形石造炮塔中寄居过一段时日，发生了一件对他的创作至关重要的事情。这座炮塔原本是英国为抗击拿破仑入侵而修建的，以科西嘉岛的莫尔泰拉角（Cape Mortella）命名。这个简短的故事与狂欢痛饮有关。成桶的黑啤酒沿着作为楼梯的绳梯被拉上炮塔，引发了刻薄的争吵。戈加蒂总想把乔伊斯灌醉，希望借此挫伤他的才气。最终他们的朋友塞缪尔·特伦奇（Samuel Trench）用左轮手枪开了枪，子弹从乔伊斯临时凑合用的吊床上飞过，于是这位“漫游的安格斯”[①]（wandering Aengus）立刻起身，冒雨离开了。戈加蒂将以“体态丰满而有风度的勃克·穆利根”的形象出现在《尤利西斯》的开篇，高举着盛着肥皂沫的钵，

① 安格斯是爱尔兰神话中司掌爱情、青春和诗歌灵感的神。叶芝曾作诗《漫游的安格斯之歌》（*Song of wandering Aengus*）。

吟诵着“我要走向上主的祭台”（*Introibo ad altare Dei*）。戈加蒂从一开始就嫉妒乔伊斯，总把自己视为“跟班”角色。乔伊斯死后他进行了可憎的报复。

乔伊斯是个“借钱专业户”。他曾想通过让一起学医的同学们为他的连珠妙语付酬，来为自己筹一笔钱。当朋友或熟人来讨债时，他会胡搅蛮缠地说：“分子已经发生了变化，借钱时我是一个人，现在我已是另一个人了。”有一次他找到诗人叶芝的父亲约翰·叶芝，想借两先令。叶芝老先生疾言厉色地说他不借钱给酒鬼。乔伊斯不仅毫无尴尬，还嘲讽叶芝老先生寻找多余的借口。他犯过很多错误，却说天才是不会犯错误的，他的所有行为无论看似多么无益、多么残酷，都是通向发现的大门。他最终不得不从医学院辍学，因为缺钱，但也可能是缺乏信心。在他一生的不同阶段，他还曾考虑过做职业歌手，或者演员，或者吟游诗人。他给阿诺德·多尔梅奇（Arnold Dolmetsch）写过信。多尔梅奇曾给叶芝做过一把索尔特里琴（Psaltery）。乔伊斯请他给自己做一把鲁特琴，使他可以唱着古老的英语歌谣浪迹在法尔茅斯（Falmouth）和马盖特（Margate）之间。多尔梅奇在回信中冷淡地拒绝了。乔伊斯的想法实在有些荒唐。对他和他那个一大帮弟弟妹妹的大家族来说，现实的问题是迅速搬家、擦鼻涕的手帕、面包和油滴之类。他穿着二手货的裤子。那条裤子无疑原属于一个“患了梅毒的酒疯子”[①]，反过来又将感染他。酒是爱尔兰人的鸦片，也是乔伊斯的慰藉物。“只有神圣的杯中物”才能使他“打开话匣子”[②]；自然，如果喝过了量，也会使他“躺在桑葚色的、五彩缤纷的大量呕吐物当”[③]。

约翰·乔伊斯的情绪在悲伤和愤怒之间摇摆。他为亡妻而哭泣，因为在她生前他未曾为她哭泣过。他欺凌家里懦弱的成员。斯坦尼斯劳斯在日记中说，他对父亲最经常的印象是：约翰坐在餐桌旁，未必是喝醉了，但磨着牙咕哝道：“最好是现在就完蛋。”什么完蛋？是他自己的生命，还是他们的？实际上他一直活到了八十多岁。他临终前的最后一句话是说给他最心爱的儿子的：“告诉吉姆，他是早晨六点出生的。”都柏林的一位占星家听说

---

① 语出《尤利西斯》第一章。勃克·穆利根给了斯蒂芬一条二手货的裤子，斯蒂芬觉得挺合身，穆利根说“天晓得是哪个患了梅毒的酒疯子丢下的”。

② 语出《尤利西斯》第一章。勃克·穆利根说“只有神圣的杯中物才能使迪达勒斯打开话匣子”。

③ 语出《尤利西斯》第九章。斯蒂芬跟在后面。他对着影子——对着人们的灵魂快快乐乐地说着话儿：“……你躺在桑葚色的、五彩缤纷的大量呕吐物当中。……”

此事后，画了一张詹姆斯的命相图，预测说他的一生将是高风险的一生。如果作为墓志铭，这倒是再好不过了。尽管所有其他孩子都惧怕父亲，詹姆斯却敢嘲笑他。他说父亲是“天杀的先生”[①]，是英国伤兵、臭气熏天的人、无足轻重的人、轻薄好斗的人、多嘴饶舌的人，是傻瓜，是恶贼，并且始终是底层的锯木匠。约翰曾是个风流情种，他坚持把前女友的照片都摆放出来，当女管家丹蒂（Dante）一把火烧了这些照片后，梅·乔伊斯挨了一顿痛揍。约翰还吹嘘说自己治好了自己的梅毒。

约翰出生在科克市（Cork）[②]一个两代单传的家族，年轻时也曾风光一时，无论到哪里都是众望所归的领袖。正如他喜欢向酒肉朋友们吹嘘的，他的歌喉堪与曾风靡科文特加登（Covent Garden）[③]和纽约的意大利男高音歌唱家坎帕尼尼（Campanini）相媲美。喝酒的时候，他会变得多愁善感，会夸耀过去的好时光，当他少壮时，在科克郡骑马纵犬猎狐，在都柏林湾的赛舟会上勇冠三

---

① 语出《芬尼根的守灵夜》，原文为 Mr.Himmyshimmy，是德文 himmel-schimmel 的变形。

② 科克市：爱尔兰南部的一座港市。

③ 科文特加登：英国伦敦西区东部边缘的一个地区，是著名的购物和旅游胜地，同名的英国皇家歌剧院也坐落在该区。

军。饮酒能让他解脱。他曾经描述过一位主张地方自治的候选人当选后举行的一次酒宴。他眉飞色舞地夸口说他和他的朋友们如何迫不及待地想畅饮，竟等不及将香槟酒的瓶塞拔出，就把所有瓶颈都在大理石面的柜台上磕碎了。他心目中的英雄是查尔斯·斯图尔特·巴涅尔（Charles Stewart Parnell）①，一个严肃而俭朴，又勇于革故鼎新的盎格鲁—爱尔兰人，在爱尔兰被人们尊称为“耶稣再世”和“无冕之王”，被视为将领导爱尔兰人民到达“自治”这一上帝应许之地的摩西。他在英国议会下院的雄辩令托利党和自由党的都恐慌不已。然而当他和基蒂·奥谢（Kitty O'Shea）长期的奸情一朝败露后，他一夜之间垮台了。基蒂·奥谢是一名爱尔兰军队上尉的妻子，当时已经为巴涅尔生了两个“杂种”。以往效忠他和崇拜他的人们纷纷对他反戈一击，包括他的秘书和威斯敏斯特宫（Westminster）②的同僚蒂姆·希利（Tim Healy）。当时尚年幼的詹姆斯为这一背叛所震惊，在父亲的帮助下写了一首讽刺诗，题为《希利，也有你吗？》（Et Tu,

① 巴涅尔（1846—1891）：爱尔兰民族主义者，爱尔兰自治运动领导人，曾担任英国议会议员。

② 威斯敏斯特宫：即英国议会大厦。

Healy）[①]。教士们在祭坛上谴责巴涅尔，俗人们也把生石灰扔向他的眼睛。他的声名变得如此狼藉，他所在党的党员已经无人还对再次当选寄予希望。当选举真的来临时，教士们坚称忠实的信徒们看不懂选票上的名字，必须指导他们如何投票。巴涅尔的政治生命遂告终结，不到一年后他便去世了。共有三万人为他送葬，是都柏林有史以来规模最大的葬礼，正如约翰·乔伊斯苦涩地评论的："爱尔兰的死人比活人要受欢迎得多。"

约翰让孩子们感到恐惧，结果和他们都疏远了，只除了詹姆斯。詹姆斯像约翰一样，也是个罪人。斯坦尼斯劳斯恨他的父亲，恨他自私自利，恨他虚荣自大，恨他凶残横暴——他总是威胁要给他们些颜色看看，要打得他们屁股开花，心痛欲碎。他在家里就像个魔王。他施加给孩子们的暴虐，也许与都柏林其他经济时常拮据、却养着一大群孩子的家庭没什么不同。并非他冷血无情，他只是不知该如何是好。只有对他们颐指气使，才能让他重新感受到自己作为男人的力量。无论哪个孩子惹他

① 此处乔伊斯套用了凯撒著名的临终之语。凯撒在遇刺时，发现亲信勃鲁托斯也在刺杀者之列，便放弃了抵抗，只用希腊语对勃鲁托斯说了一句："勃鲁托斯，也有你吗？"（Et Tu，Brute！）

发怒，他都会就近抄起一个物件，无论是一副扑克牌，还是一只碟子、一个杯子，掷将过去。女孩们非常惧怕他，她们央求斯坦尼斯劳斯或詹姆斯晚上不要外出，不要把她们丢给喜怒无常的父亲。斯坦尼斯劳斯只好留下，因为詹姆斯那时已经开始了他的放荡生活，和大学同学们一起狂欢痛饮，频繁出没于“不夜城”的妓院。约翰发誓说，只消照着詹姆斯的屁股踹上三脚，就能叫他完蛋。没错，只需三脚，但这只能是瞎胡吹。父亲已经打不过儿子了，詹姆斯已经不可战胜了。父子俩对骂时，使用的都是都柏林贫民窟里常见的词汇——尿床精、臭狗屁、婊子养的小流氓、死黑鬼、野杂种……

奋起抗争的儿子们和无奈牺牲的女儿们以不同的方式都陷入了困境，不得不自练内功以防备生活中的“三叉戟”[①]。然而对约翰来说，也是如此。他是个落寞潦倒之人，人生已没有希望。在他们母亲葬礼的当晚，詹姆斯又和一群狐朋狗友去了酒馆，斯坦尼斯劳斯和父亲发

---

① 原文为“therrble prongs”，出自《芬尼根的守灵夜》最后一章。Therrble是乔伊斯自造的词，由“treble”（三重的）和“terrible”（恐怖的）共同构成。在基督教传说中，三叉戟是魔鬼撒旦使用的武器，此处生活中的“三叉戟”代指地狱般的生活。

生了顶撞。他指责约翰不仅须为母亲之死负责，也要为乔治之死负责。乔治和母亲及夭亡的兄弟姐妹们一起葬在了格拉斯内文。他们的坟墓离巴涅尔长眠的地方不远。乔治死的时候像活着一样孤单寂寞。斯坦尼斯劳斯咄咄逼人，约翰则百般辩解，模样就像莎士比亚笔下的李尔王一样可怜。斯坦尼斯劳斯坚称母亲的死是可以避免的，假如父亲没有把钱都挥霍在酗酒上，而是去请一位高明的大夫的话。约翰竭力为自己辩护，列出了他用科克的祖产所作的抵押贷款，这些钱全都用来支付这些年家人患病的费用了，但斯坦尼斯劳斯并没有因此而平静下来。约翰看着他，意识到了他的满腔怨愤，只是说了句："你不明白，孩子。"在这个世界上，由盛转衰对人是个沉重的打击，他不仅失去了奢侈的生活，也失去了先前朋友们的尊敬。在爱尔兰人的国民心态中，贫穷带来的耻辱是深切的。大饥荒[1]刚刚过去五十年，那时候家家户户

① 指1845年至1852年间爱尔兰发生的饥荒。在这七年的时间里，英国统治下的爱尔兰人口锐减了将近四分之一；这个数目除了饿死、病死者，也包括约一百万因灾荒而移居海外的爱尔兰人。饥荒的主要原因是一种病害造成当时爱尔兰人的主要粮食来源马铃薯腐烂，加上许多社会与经济因素，使得广泛的歉收严重地打击了贫苦农民的生计，而英国政府的管理也十分不力。灾荒对爱尔兰的社会、文化、人口有深远的影响，也激起了爱尔兰的民族意识。

都紧闭大门，不想让世人知道他们在饿死。他们被逐出昔日的家园，也就是十五到二十年前的事情。整个家庭被抛在路边，他们的房子被冲击夯夷为平地。这些悲惨的遭遇，他们并不认为是外界所赐，而是缘于自己的无能。

当约翰因为些许轻微过失和文书上稍有差池而丢掉了收税员工作时，整个家庭都深感震惊。梅私下里跑过主管机构，乞求恢复约翰的职务，但遭到了拒绝。约翰的确收到了一点点可怜的养老金，但自那以后，他就不得不靠举债、变卖家具、抵押他在科克的三处小房产来度日了。最让他感到羞辱的，是他的名字出现在《斯塔布斯公报》（*Stubbs'Gazette*）和《佩里周报》（*Perrys Weekly*）的欠债人黑名单中。这不仅让他耿耿于怀，也给他的儿子留下了终身难以磨灭的阴影。尽管詹姆斯一向放荡不羁，但却一生为钱担忧。即使在他后来富裕之后，他也仍然认为自己没钱。1941 年，在他去世之前两天，要做手术时，他还可怜巴巴地问他儿子：谁来支付手术费用？他的丧葬费用和他未及支付的他父亲的丧葬费用，都是由一位英国“女施主”哈丽特·肖·维沃尔（Harriet Shaw Weaver）资助的。维沃尔还只是等待为乔伊斯效劳的无数女人之一，她们来到这个世上，似乎就是为了推动詹姆斯·乔伊斯的天才得到淋漓尽致的发挥。

詹姆斯年轻的时候，对家人的哀号充耳不闻，他知道一旦倾听了就会被吞噬。他决心通过他人的经验来感受生活，或者如斯坦尼斯劳斯悲伤地诉说的，他把谋生视为自己人生中最不在乎的事件。然而他精神上的秘密生活已经汹涌澎湃、不可遏抑。他在酒吧里声名狼藉。人人都知道这个衣衫褴褛、穿着一双白色胶鞋、戴着一顶有檐平顶帽的傲慢青年。他善于闪烁其词地回避问题，敏于适时地装糊涂，热衷于讨论欧几里得（Euclid）①，或者阿奎那②，再或"妓女内莉"。他警告和他作对的人，他会在他的讽刺诗中惩罚他们。他对自己的天才非常自信，曾给时为爱尔兰复兴运动舵手的奥古斯塔·格雷戈里夫人（Lady Augusta Gregory）③写信，信誓旦旦地说自己总有一天会"出类拔萃"。据说有一天他到拉特兰广场的一家旅店去看望W.B.叶芝，那天正好是叶芝三十七岁生日，

---

① 欧几里得（约公元前3世纪）：古希腊数学家、教育家，著有《几何原本》。

② 托马斯·阿奎那（1225—1274）：中世纪意大利神学家和经院哲学家。

③ 奥古斯塔·格雷戈里夫人（1852—1932）：爱尔兰剧作家，与叶芝共同致力于创建爱尔兰民族戏剧，主要剧作有《七短剧》、《龙》等。

结果他惋惜叶芝太老了，不能再向他乔伊斯学习了。他说自己的天赋会被一种宝石一样的狂热激情点燃，放射出璀璨的光芒。他的自负令人无法忍受，这或许是真的，但他又有诗人那种敏感不安的艺术激情，恐怕也是真的，他就是一个“到了紫罗兰色的夜晚，就徜徉在粗犷星宿的统驭下”[①]的人。他会激发人们的嫉妒。斯坦尼斯劳斯就嫉妒他目标的单纯性。他在日记中记述了詹姆斯所做的每件事，所说的每句话。他承认詹姆斯或许是个天才，随即又否定了这种想法，认为詹姆斯太过鲁莽、太不安生。斯坦尼斯劳斯因为沉默寡言而得了个“斯坦老兄”的绰号，似乎家里的一切痛苦和羞辱都是由他来承受的。他承认詹姆斯利用他就像屠夫使用磨刀石。有这样一位聪明的哥哥是多么可怕，更何况他还把你当成了保护伞。

塞缪尔·贝克特在一篇关于杰克·叶芝（Jack Yeats）[②]的文章中写道，一个以人生作为赌注的艺术家是没有兄弟的，也不在乎自己从哪里来。对于艺术家或许的确如此，但对于他们的兄弟，却不是这样。斯坦尼斯劳斯一

---

① 语出《尤利西斯》第三章。

② 杰克·叶芝（1871—1957）：爱尔兰画家，诗人威廉·巴特勒·叶芝的弟弟。

生都坚持认为，詹姆斯的荣耀中应当有他的一份。当他们夜晚同榻共眠，进行睡前的闲聊时（诸如“那个——呃、呃、呃……叫什么来着……我想不起来了”之类）詹姆斯时常会突发奇想，大胆创新，才思泉涌，《尤利西斯》的标新立异之处往往就是这样形成的。斯坦尼斯劳斯尽管知道吉姆刚愎自用，但仍然认为他堪比“世界之树”（Yggdrasil）——北欧神话中象征宇宙的巨大白蜡树。与吉姆相关的一切都令他着迷。他的日记的开篇就写道：“吉姆的性格很不安分，总是在发展变化。他每天都会受到新事物的影响。他正在启动新的实践。上个月他有三四次都是喝得醉醺醺地回家的（有一次他彻夜未归，星期天早晨回来时，看上去病恹恹、脏兮兮的……）”说斯坦尼斯劳斯痴迷于詹姆斯还有些低估了，其实他希望自己就是詹姆斯。这种情况发生在不止一个作家家里。天才的光芒只集中在一个家庭成员身上，不能人人均享。

狂欢

那时候在都柏林，嫖娼是公开进行的，就像在阿尔及尔一样。妓院的主顾主要是水手、英军官兵，还有夜晚钻进关得严严实实的出租车里的平民。最后但绝非最少的是医学院学生、风流的老医生，以及夹杂在他们中间的医学院辍学生乔伊斯。花心荡漾的色鬼们，跌跌撞撞地奔向林森德路“黏糊糊，舔啊舔，腻得得”[①]的红灯区的骨盆中的盆地。新手内莉、罗莎莉和煤炭码头上的婊子[②]们都在林森德路上游荡。

我把它给了内莉，
让她戳到肚皮里，
把鸭腿儿给了她，
把鸭腿儿给了她。[③]

无疑这些妓院不具备乔伊斯后来在小说中赋予它们的那种纵情狂欢的魔力，但乔伊斯是在这些地方找到了

---

① 语出《尤利西斯》第十五章。

② 这是《尤利西斯》第九章中出现的人物。“新手内莉”和“罗莎莉”原本是与乔伊斯亦友亦敌的奥利弗·圣约翰·戈加蒂所搜集的两篇民间故事中的人物。其中“新手内莉”还曾出现在戈加蒂的《诗集》（纽约，1954）里。

③ 这是《尤利西斯》第十五章中西茜·卡弗里所唱的歌。

他期盼已久的谦卑。被他挑选出来写进《尤利西斯》的是贝拉·科恩太太（Mrs. Bella Cohen）经营的妓院。她一生的主要野心就是把儿子送进牛津。斯蒂芬·迪达勒斯沉溺于纵欲作乐，时而和这个女人交往，时而和那个女人勾搭，一个女人镶着金牙，另一个女人戴着羊腿套袖，还有一个女人披着褐色小肩披，上面绘有“天主羔羊”图案以为自己免罪。“受尽折磨，被屁股压得透不过气来”的他，从这些交媾中得到的并不是快乐，而是惊恐。这些女人都太可怕，太凶狠。就连那些长着柔软小手的女人，都能让男人感觉像是在受活体解剖，或者给他的马裤上染上星条旗。这是个淫荡的地狱。乔伊斯笔下的斯蒂芬遇见了他死去的母亲，她身穿麻风病人的灰色衣裙，提醒斯蒂芬她在阴间惦记着他，以致斯蒂芬大喊了一声“护身剑”，并高高举起梣木杖，把枝形吊灯击碎。[①]

冒险走进黑暗、神秘的夜色中，看着妓女们出来揽客，她们扎起头发，向他抛出诱惑的媚眼，这是一场渐入高潮的大戏的序曲。斯坦尼斯劳斯在日记中告诉我们，那个想借钱给乔伊斯，让他参加歌唱大赛的叫作内莉的

① 见《尤利西斯》第十五章。“护身剑”原文为德文单词Nothung，典出瓦格纳的歌剧《尼伯龙根的指环》。

妓女，在乔伊斯练习音阶并唱自己喜欢的歌时，会坐在夜壶上陪伴他。乔伊斯离进入音乐厅歌唱和光顾叶芝的基尔塔坦（Kiltartan）[①]宅邸还有相当长的距离，他也写不出叶芝那样歌颂芬尼亚勇士（Fianna）[②]的英雄气概的诗歌。然而乔伊斯仍然坚信自己将要做什么，他的力量和他的放荡结合起来，真是令人惊愕。他真心地认为国家应当资助他，因为他是如此善于享受生活。“努力奋斗，永远不要在悲哀方面出类拔萃”，这是道登（Dowden）[③]的诗句，乔伊斯先是抄给了自己，后来又抄给了诺拉·巴那克尔——那个将和他一起坠入爱河的女人。她将使他和他的家庭分离，或者说他俩喜欢这样认为，而不情愿承认他无论如何是要离开家的。“巴那克尔小姐气质很可爱，但要说起面容，我觉得太一般了”，斯坦尼斯劳斯在日记中刻薄地写道。乔伊斯对这个评价一直守口如瓶，直到明白了自己对她的真正感受之后，才告诉她。

---

① 基尔塔坦：爱尔兰戈尔韦郡的一块男爵封地，属于格雷戈里夫人，那里有叶芝经常居住的宅邸。

② 芬尼亚勇士：凯尔特神话传说中最著名的英雄集团之一。他们是古爱尔兰早期至高国王康马克·麦·亚特（Cormac mac Airt）的卫士，是活跃在爱尔兰、苏格兰等地的一个强大军事组织，传说在公元3世纪左右处于最鼎盛时期。芬尼亚勇士们的众多传奇冒险故事至今仍是爱尔兰民间传说中极为重要及最受欢迎的部分。

③ 爱德华·道登（1843—1913）：爱尔兰文学评论家、传记作家、诗人，第一个对莎士比亚作出全面和系统的研究的莎学家。

乔伊斯一直在写其自传体小说《斯蒂芬英雄》(*Stephen Hero*)的片断，迪达勒斯这个人物化身为能随意改变自己形体的普洛透斯（Proteus）[①]。乔伊斯在沿着沙丘海岸（Sandymount）[②]散步时，为他的作品积累了情境：鱼卵、海藻、近在咫尺的浪潮、生锈的船骨架；拾鸟蛤的人们将袋子浸入海水中。有时他的遐思会被飘然而至的经典文学段落像惊叹号一样打断，有时他又会陷入冥想，有时某种念头会突然升华，有时他又会为母亲的死而感到自责。偶尔他会因想到放荡的吉卜赛人而垂涎欲滴，偶尔也会因恐惧站在拱门里包着披巾的妓女——“她那件酸臭破烂的衣衫下面，是魔女般的白皙肌肤”[③]——而产生痉挛。有时他也会深思“啤酒桶肚皮的”托马斯·阿奎那，秃头而细腿的亚里士多德从他的学生亚历山大大帝那里继承了一笔财富，还有约阿基姆·阿巴斯（Joachim Abbas）[④]那日渐褪色的预言。乔伊斯知识之渊博，是异常

---

① 普洛透斯：希腊神话中变幻无常的海神，又称海中老人。

② 沙丘海岸：爱尔兰首都都柏林南部的一片高档海滨区。

③ 语出《尤利西斯》第三章。

④ 约阿基姆·阿巴斯（约1130—约1202）：又称“菲奥雷的约阿基姆”，意大利神秘主义者、神学家。曾任科拉卓隐修院院长。13世纪中期方济各会属灵派以及16世纪以前的许多修会都承认他所作的关于13世纪的预言。

惊人的。据他的杰出的传记作家理查德·艾尔曼（Richard Ellmann）说，他在二十岁时，就什么都读过了。不可避免地，一切看得见的事物的形态，都成了他幻想的目标。在清高孤傲的青春涌动之下，凭借高超的文学艺术造诣，如果乔伊斯自比为巴涅尔、哈姆雷特、但丁、拜伦、路西法（Lucifer）[①]或耶稣基督，谁又能责怪他呢？信心受挫、变得稳重是很久以后的事情了。现在金羊毛[②]是他的了。他在他的文学朋友们不知晓的情况下盗取了金羊毛，而他本人就将变成守卫金羊毛、抵御掠夺者的火龙。

乔伊斯是个相信征兆的人——名字、数字，对他来说都很重要。他也能从流星或者海鸟飞行的轨迹看出隐藏的预兆。他即将际会的年轻姑娘有着和野鹅同样的名字——诺拉·巴那克尔，一位戈尔韦（Galway）[③]姑娘，因为和当地一名信仰新教的男孩约会，而遭到一名心怀不满的叔叔暴打，从而离家出走。在百科全书中，“巴那克

① 路西法：又称“明亮之星”、“早晨之子”，早期基督教教父著作中对堕落以前的撒旦的称呼。

② 金羊毛是希腊神话中的稀世宝物，由埃厄忒斯国王钉在科尔喀斯的一棵圣树上，并派一条火龙守卫。伊阿宋率领阿尔戈英雄们历尽艰难，最终智取火龙，盗出金羊毛。

③ 戈尔韦：爱尔兰西部康诺特省南部的郡。该郡首府为戈尔韦市。

尔”（barnacle）被描述为“热血的脊椎动物，心脏有四个心室，四肢变形为羽翼”。它们的羽毛就像围绕着卡吕普索（Calypso）[①]的洞穴的那些鸟儿的羽毛一样犹如幻影。一个与《荷马史诗》有瓜葛的戈尔韦姑娘。乔伊斯渴望和她的灵魂结合。而我们所渴望的，似乎有朝一日也能如愿以偿。

---

① 卡吕普索：《荷马史诗·奥德赛》中的海之女神，她爱上了漂流到她的奥杰吉厄岛上的奥德修斯，将奥德修斯在岛上困了七年，但奥德修斯最终还是离开了她。

诺拉

斯坦尼斯劳斯曾说，如果詹姆斯渴望同一个灵魂结合的话，他应该出生在任何其他地方，而不是爱尔兰。然而斯坦尼斯劳斯这话说错了。他的哥哥坠入了“诱惑的深渊中——喔！他最亲爱的女神！就像身着华服的洋娃娃一样，即使薄伽丘的《十日谈》也无法描绘她身上迷人的光彩……那虚无缥缈的神话。那令人蚀骨销魂的女神”[①]。这位女神，难道不是活泼俏皮、赤褐色头发的诺拉·巴那克尔吗？6月10日那天，当他脚穿一双开裂的帆布鞋，手持一根梣木杖，漫步在拿骚（Nassau Street）街头时，她轻轻地走进了他的人生。他们停步交谈。她说他的蓝眼睛像是北欧人的，他听了很是喜欢，因为他相信自己有丹麦血统。那年他二十二岁，她二十岁。两人约定四天后在梅里恩广场（Merrion Square）一号、威廉·王尔德爵士（Sir William Wilde）[②]的宅邸外再会。乔伊斯站在一个角落里，觉得这里是最佳位置，但又没把握。这里能看到四个不同方向，但却没有诺拉的倩影出现在街上，或者从有轨电车上跳下来。当天晚上他给她

① 语出《芬尼根的守灵夜》。

② 威廉·王尔德爵士（1815—1876）：爱尔兰医生，在医学、考古学和民间传说方面也有著述，是著名作家奥斯卡·王尔德的父亲。

写了封信，讲述了他如何长久地注视着一簇赤褐色的短发，最终却不得不遗憾地承认那不是她的。他们还能再约会一次吗？他的语气是轻柔的，但决心是坚定的。

要想略知其他任何人在爱情中的升华和堕落，都几乎是不可能的，但就詹姆斯·乔伊斯而言，二者是混杂的。他的爱情中没有满载坛坛罐罐的卡车，没有订婚戒指，没有取悦家庭成员，也没有正式的婚礼。尽管他的感情历险完全是和“卖淫”的女人们进行的，他也一直维系着一个梦想：女人们如同坐在宝座上的理想生物，摆放在那里供他独自倾诉。女人们就像河流，各自沿着自己无法逃避的河道奔流。“逗弄他。用脚尖撩拨他。让他心旌摇荡。”[①]激情和狂喜。特异的性质。还有命运。他曾经问自己，如果恺撒听从了预言者和他妻子凯尔弗妮娅（Calpurnia）的劝告，3 月 15 日那天没有离家外出，会怎样呢？[②]一切都是命中注定的。他厌倦了“妓女的爱”，妓女是糟糕的情感导体。所以他不是向某个和他一起燃

---

① 语出《芬尼根的守灵夜》。

② 在莎士比亚的剧作《裘力斯·凯撒》中，一个预言者曾告诫凯撒“要留心三月十五日”，凯撒的妻子凯尔弗妮娅也做了个噩梦，梦见凯撒的雕像在向外喷血，于是恳求他不要离开家。然而凯撒坚持要到元老院去，结果在那里被刺杀。

起了性欲的妓女，而是向一个几乎目不识丁的戈尔韦少女敞开了心扉。这个少女胆大到逃离了她自己的家，在都柏林的芬兰人旅馆里找到了一份女侍的工作。

在她身上，他将去寻找并发现大地母亲，朦胧、无形、在月光的照耀下异常美丽的大地母亲。他是都柏林人，而她来自戈尔韦。她将带来她的歌谣、她的故事和从她的祖辈那里传来的她的迷信禁忌。那是爱尔兰的另一半——土壤、阴暗、月灰色的荨麻、好战的部落，还有桀骜不驯的香农（Shannon）河水。叶芝曾说当他爱上茅德·冈后，他人生中的一切麻烦就都开始了。对乔伊斯来说正好相反，这个年轻姑娘点燃了他沉寂的血液。几天之后，他们在6月16日的晚上又重逢了。这次幽会对乔伊斯来说如此重要，如此意义深远，他将《尤利西斯》故事发生的时间设在了这一天，世人也将根据书中主人公利奥波德·布卢姆（Leopold Bloom）的名字，将这一天定为“布卢姆日”。

他早晨写给她的信，往往奇迹般地在午饭前就能送达，于是在夜幕降临前他就能得到答复。她会从工作岗位跑开，跑进卧室或厕所，她知道自己得把胸衣留在家里，因为她感觉胸衣就像龙骑兵的铠甲。她将不穿衬裙去约会，以便接受他那教皇般的赐福——他那放纵的力量就好像是教皇庇护五世赋予他的。她一定知道，天使们就是从这样的烂泥塘中召唤起一种美的精神。他啜饮着她“山间的甘露”。他不能说他爱她，他不会那样说。她逼迫他说。但他不肯说。他会说他非常喜欢她，他渴望全身心地拥有她，他钦慕她，敬仰她，他将竭尽全力地保证她的幸福。这或许不是爱，但却是需求。她变成了抵挡在他和上帝与死神之前的胸膛——“我多么憎恨上帝和死神啊！我多么喜欢诺拉啊！”

他在不知不觉中，变成了一个心有所属的人。他对她说，他觉得生活在等待着他，只要他决心进入的话，但生活已经不能再让他感受到曾经感受到的心醉神迷了。从没有人像她这样站得离他这么近。他非常仰慕她，但他想要的不只是她的爱抚。在他的下一封信中，他又会否定这一说法。她不是一个萍水相逢的性伙伴。她一定知道他已经远离了天主教会，他强烈地憎恶教会，因为他本性的冲动，他已经不可能再成为教会的一员了。而且，他还将公然而顽强地向教会开战。他痛斥他认为背叛了自己的朋友们，轻蔑地说他的弟弟妹妹们对他无足轻重。时间一天天地过去，他越来越依附于她。他想了解戈尔韦和它的郊区——那些森林、田野、奶牛、驴蹄草。他想了解她本人，还有她那些赤身裸体地躺在阳光灿烂的山坡上，把自己的身体视为野玫瑰的伙伴们。

他努力把自己变成她，去了解她，了解她在女修道院的日子，慈善修女会会员们为她准备第一次圣餐礼；了解她天真无邪的少女时代，她曾和一个老男人约会，随后又和一个女朋友一起躲进教堂，把那个老男人给她的巧克力一扫而光。她因为这一逾矩之举而遭到叔父一顿痛揍。乔伊斯要她说出有关她的一切，剥去她的所有面具和所有衣服，进入她的体内，了解她的秘密。她没有因此而畏缩。她很高兴讲述她少女时期的那些小物件，她的吊袜带、她的小手镯，还有那形状像铃兰花一样的胸针。他如醉如痴地听着她做的那些淘气的事情——在她那赤褐色的头发上戴一个发网，套上男人的衣服站到粪堆上，嚼着生卷心菜期盼听到她未来丈夫的名字。在他们的第一个晚上，她解开了他的裤子，她的爱抚，如他所说，“使我成了一个男人”。然而在随后的几个夜晚当他要求更亲昵的行为时，他发现自己侮辱了她，感觉到“她眼里有一种和她年龄不相符的可怕的忧郁”。她是他心爱的宝贝，是他撅嘴的诺拉，是他的小褐色脑袋，也是在月光照耀下异常美丽、只是朦胧地意识到她那无数流水般直觉的大地之母。他爱她温柔的声音。在有她陪伴时，他会收敛起他那爱揶揄别人、轻蔑别人的本性。她曾经应邀到音乐厅听他唱歌，令他备感羞辱的是，他不得不摸索着琴谱自弹自唱，因为钢琴师始终没有露面。他挑选的歌曲之一是《漫步莎丽花园》[①]。歌中一位自信的年轻姑娘告诉她年轻的情郎要自然轻柔地去爱。他在不知不觉中，坠入了叫作爱情的"麻烦现象"。

他们的娱乐就是散步。他们也没钱做其他事情了。然而他却能在散步中发现许多有趣的东西——瞭望塔、潺潺的流水、充满鱼儿的小溪，公墓中众多的逝者对人产生的移情作用。他在很久以后才将这些诉诸笔端，但这一切他都观察到了，并记了下来。他看到了天上的空白，晚上不断变化的紫罗兰，幽深阴暗、青翠欲滴、布有灰坑的花园，湿漉漉的花坛，车夫在马厩里为马梳毛，当然还有大海、海藻、温暖的沙子、荡漾的微波、尖锐的砾石、水面倒映着高高飘浮的云朵。第二天她写信来，说在他的陪伴下，她总是能感受到真正的自己，她的灵

① 此歌是将爱尔兰诗人威廉·巴特勒·叶芝的同名诗谱曲而成。

魂像是飞离了沉睡的躯体，当他不在时，她会感到孤寂，而当他出现时，这种孤寂就会渐渐消失。他当即意识到，这些情绪夸张的语句绝非出自一个迷信符咒，靠整理床铺和倒尿壶谋生的乡下姑娘的手笔。他猜对了。她是从当时一本讲解礼仪的书里抄下了这封信。然而他越发地爱她了——“天主变成人，人变成鱼，鱼变成黑雁，黑雁又变成堆积如山的羽绒褥垫。”①诺拉成为“世界上最美丽和最单纯的灵魂”②的化身。她的吻就像是金丝雀在歌唱。他是她辞藻华丽的兄长，是她的基督教徒兄弟，也是痛苦万分的犹太人。随着他对她越发了解，他感到必须告诉她，他是多么地憎恨和不承认圣母堂，他又曾怎样地和不夜城的女士们狂欢。她不想知道这些。但她必须知道。她终将知道他是多么令人敬畏，又是怎样地有缺陷。她终将知道他是故意以一个“浪子”的形象进入爱尔兰的社会秩序的。他既像“助祭”斯蒂芬，也像好

① 语出《尤利西斯》第三章。天主变成人（参见《圣经·约翰福音》第20章第21节：“耶稣是基督，是天主的儿子。”），人变成鱼（早期基督教会把鱼看作基督的象征），鱼变成黑雁（中世纪的人们迷信黑雁是水生物变的），黑雁又变成堆积如山的羽绒褥垫（雁羽可用来制作羽绒褥垫，而都柏林以南的群山中又有一座羽毛山）。作者引用这句话，意指乔伊斯对诺拉的爱在逐渐深化。

② 见1904年9月19日乔伊斯致诺拉的信。

色之徒布卢姆，两个角色在他身上交替出现。第一天是她的短内裤，第二天是他的灵魂在她心头纠缠，到了早晨又是他本人在三心二意地制定和一个演员公司一起逃走的秘密计划。但他已经和她紧紧地维系在一起了。莱蒙托夫（Lermontov）在《土耳其人的哀怨》（*A Turkish Tale*）中引用的谚语也很适合于乔伊斯——“人们自呱呱坠地起，他们的命运就已经被刻入额角的皱纹中”。也许是她哀怨的目光起了作用。像安·哈澈韦一样，她自有她的办法。的的确确，她该受指责。是她对他进行引诱的。[①] 他睡觉时，会把她的手套摆在身边，并且不得不承认这手套的作用非常好，正如其主人一样。他想给她买一副手套做礼物，但钱从哪里来？他的一篇短篇小说被《爱尔兰家园报》（The Irish Homestead）——他称之为“猪猡报”——采用了，他希望得到稿费。他自比受难的耶稣，多次讨要，却频频遭到拖延。“不”与“苦”是同韵的。

---

① 原文为“Like Anne Hathaway，she hath a way. By cock she was to blame.She had put come hither on him”，此处套用了《尤利西斯》第九章的一句话：“If others have their will，Anne hath a way. By cock she was to blame. She had put come hither on him.”（倘若其他女人能够从心所欲，安自有她的办法。的的确确，她该受责难。是她这个二十六岁的甜姐儿对他进行引诱的。）意指正如安妮·哈澈韦俘获了莎士比亚的心一样，诺拉在捕获乔伊斯的心方面也是颇具匠心的。

乔伊斯知道，和这样一个没受过教育的乡下姑娘依附在一起，他将惹恼自己的家庭，并不得不同爱尔兰所有的宗教势力和社会势力开战。诺拉已经承诺，在未来遍布风险的人生中将坚定地和他站在一起，这令他充满喜悦和骄傲。他酝酿着和她一起逃离爱尔兰的计划。伯利兹学校（Berlitz school）发出广告招聘一名教师，乔伊斯应了聘，自信地等待着回复。巴黎是他渴望回归的地方，而且他一想到当都柏林的人们听说他和诺拉在拉丁区“鬼混”时，会引发怎样的骚动，就感到很好笑。

就在这时，他开始正经八百地“借起钱来”。他向他曾经大加挞伐的文学界寻求起帮助。他问叶芝可否由艾比剧院（Abbey Theatre）[1] 为他募捐一笔款项，遭到了拒绝。继而他又向格雷戈里夫人讨借五英镑，帮助他出国执教。格雷戈里夫人也婉拒了，要求乔伊斯提供证据说明他有具体的计划。乔伊斯为她的拒绝所激怒，回信称："现在我将开创自己的传奇，并将坚持不懈。"格雷戈里夫人心软了，给他寄来了钱。他又从别人那里借了几先令，还讨到一条裤子和一双旧鞋。他还打发一个朋友

---

① 艾比剧院：爱尔兰国家剧院，最早由叶芝和格雷戈里夫人等于 1904 年在都柏林创立，上演民族戏剧，被视为爱尔兰文艺复兴运动的摇篮。

从他父亲的店里给他要来了些东西：一支牙刷、一些牙粉、一把指甲刷、一双靴子、一件外套和一件西装背心。他一定是让诺拉·巴那克尔自己解决自己的牙刷和牙粉。她原本期望从戈尔韦的一位祖母那里继承一小笔遗产，然而没能实现。当他们分别前往都柏林的北墙（North Wall）赶邮船时，他们的私奔计划还是深藏不露的。诺拉不得不避人耳目地溜进船里。在码头外，乔伊斯一家不可避免地要聚在一起喝杯离别酒。他的弟弟妹妹们都知道詹姆斯有个伴儿，但约翰·乔伊斯对他们的阴谋却浑然不觉，他还给了儿子七英镑，并预言他前途无量。

也有些人对他的离去额手称庆。戈加蒂装出一副假惺惺的诚意，说他将“思念一只渐行渐远的手”。三一学院院长，一位叫作彭特兰·马哈菲（Pentland Mahaffy）的先生，更是乌鸦嘴，竟将乔伊斯比作往利菲河里啐唾沫的流浪儿，说他支持乔伊斯远走高飞，但又说幸亏乔伊斯还没有把他的故乡城市“污染得臭气熏天”。对这位年方二十二岁的作家来说，爱尔兰将成为他想象力的催化剂，此外，还有两个要素——记忆和流亡——将使他如虎添翼。

流亡

在伦敦，诺拉初尝了将纠缠她一生的不安定的滋味。乔伊斯去拜访叶芝的朋友阿瑟·西蒙斯（Arthur Symons）[1]，探讨他的诗集《室内乐》（*Chamber Music*）出版的可能性。诺拉就只能坐在公园的长凳上等，心里担忧着她的"北欧人"还会不会回来。最终他回来了。当天晚上，他们只带着一只手提箱动身去巴黎。他们的钱几乎花光了。到了巴黎更是窘迫，乔伊斯四处去见老朋友，向他们"借"去苏黎世的路费。尽管他已和诺拉密不可分了，他却怯于把她介绍给文学界的朋友们。这时他的父亲已经得知了这个可怕的消息，因为这已经成为都柏林所有酒馆的热门话题。他勃然大怒，不仅因为视此为叛逆行为，而且担心这种关系会毁了他儿子的人生。正如他所说，锦绣前程，废于一旦。

乔伊斯和诺拉到达苏黎世后，伯利兹学校却没有空缺了，英国林肯郡的吉尔福德小姐欺骗了乔伊斯。他们设法在一家旅馆里住了一夜。那旅馆的名字挺吉利，叫作"希望"。正是在那里，他们的"冒险"达到了高潮。仍然与家庭藕断丝连的詹姆斯写信给斯坦尼斯劳斯，告

① 阿瑟·西蒙斯（1865—1945）：英国诗人、文学批评家和杂志主编。

诉他诺拉已不是处女，她被人“碰过”了。这句双关语的双重含义，斯坦尼斯劳斯都是不易错过的。床单上的血迹，他在一阵妒火中烧中产生了质疑。再后来《尤利西斯》里的摩莉·布卢姆就诙谐地说，任何女人都可以靠一滴红墨水或黑莓汁来假装处女。于是他们又前往的里雅斯特（Trieste）[①]，那里也没有空缺职位，他不得不再次痛苦地施展他的借钱本领。他找到两个小学生，教他们英语课。像通常一样，总有些意外发生。有三个英国水手醉酒后斗殴，他在劝架时，设法让警察拘捕了他，差点儿被遣返回爱尔兰。然而在这一派不安宁中，他还是写完了《斯蒂芬英雄》的第十二章，并开始创作一部名叫《圣诞前夕》（“Christmas Eve”）的短篇小说。

伯利兹学校的校长怜悯他们，几天之内就在距的里雅斯特一百五十英里外的波拉（Pola）军港为乔伊斯找到一份教职。一位在船上见到他们的官员说，他看到一对衣衫褴褛的夫妻拖着一只裂开的手提箱，有几块布头还从手提箱边沿伸了出来，“新娘”披着一件长长的男式大衣，头上的草帽拉得低低的，他说他当时不知道自己假

① 的里雅斯特：意大利东北部港市，乔伊斯在世时属奥地利。

如落到这步田地，是否该考虑杀人或自杀。然而乔伊斯到了这里，却是如鱼得水——这里是多种语言集聚，南腔北调杂烩之地，意大利语、塞尔维亚语、德语……日后都将掺入他的作品中。不过对诺拉来说，却是另一派天地。她感到很失落，这里远离家乡，她没有任何人可以求助，只除了她那放荡不羁的郎君。事实证明，“文学士詹姆斯·乔伊斯”是一位很奇特的教师。他的雇主们认为他极富才华，但也自负和荒唐；他是个矛盾的人，既脆弱敏感和歇斯底里，又文质彬彬和严肃认真，然而他终归有堕落倾向。很快他们又发现了他嗜酒如命。

他几乎每天都给斯坦尼斯劳斯写信，寄去从他的小说中摘录的故事。他承认只有斯坦尼斯劳斯看重他。他的信中牢骚满篇且不断升级。诺拉很想家，当乔伊斯不在家时她感到很孤独，她又拙于学习外语。他对她的贬损就是他乞求原谅的方式。他深知，他要应付的不仅是她一个人，或许还有与她有关联的人。她的家庭会不会在报纸上打广告，问她到哪里去了呢？和她一起在宾馆工作的姑娘们，会不会认为她很“下贱”？詹姆斯将告诉斯坦尼斯劳斯一些诺拉最隐私的秘密，她早年的孟浪，曾经险些被一名长着黑色卷发的年轻助理教士勾引，一个叔叔的鞭打竟然引发了她某种性欲高潮。乔伊斯对别人的背叛非常敏感，然而他自己就是个贩卖的大师。他也死乞白赖地强求斯坦尼斯劳斯想法弄些钱来，作为他泄露秘密的回报。他还要求寄来报纸、他早年的一些“灵启示现”的作品、他打不开的一只旅行箱的钥匙、他的学士证书、他的活页乐谱、勒南（Ernst Renan）[①]所著《基督的一生》（*Life of Christ*）一书、诺拉的出生证明，以及存于都柏林法院档案室的她祖母遗嘱的一份抄本。如果你不能从这些信的背后感觉到一个人在死水中被逼得要发狂——这个人长期拮据，教英语，学德语，忍受着远离知识圈的孤独，只能将小说选段寄回家请弟弟评述——那么，这些信将是不可饶恕的。他寄回的小说选篇随即被转给柯伦（Curran）和科斯格雷夫（Cosgrave），都是些嫉妒他的朋友。斯坦尼斯劳斯传话说，所有人都对他的私奔感到惊讶，以前曾给他出书的编辑乔治·拉塞尔（George Russell）[②]甚至希望他能尝尝挨饿的滋味。

---

① 恩斯特·勒南（1823—1892）：法国哲学家、历史学家，主要著作有《基督教起源史》，尤以该书第一卷《基督的一生》最为著名。

② 乔治·拉塞尔（1867—1935）：爱尔兰诗人，爱尔兰文艺复兴的代表人物。主要作品有诗集《回家：途中之歌》、《幻想之烛》等。

乔伊斯在家信中没有说的是，他在诺拉面前只有卑躬屈膝的份儿；他低声下气地劝说诺拉，看在上帝的份上他们过得并非不快活；如果诺拉白他一眼，他就会浑身发抖。诺拉对乔伊斯的控制力是毫无疑问的，她的性威力也是完满无缺的。但是在市民和教师圈子里，她作为伴侣就显得相形见绌了。乔伊斯的同事们都奇怪他和诺拉在一起能做什么，其中的一位有一次在饭馆吃饭时将诺拉贬斥为整天一副愁眉苦脸、哭哭啼啼的样子。

乔伊斯靠给奥地利海军军官们讲授英语和意大利语，每星期挣两英镑。他盼望着有朝一日能买一套新西装，再把自己的牙补好。他和诺拉通常九点钟起床，早餐分享几块巧克力，午餐如果付得起的话，就在家对面的客栈解决，晚上八点吃晚餐。他们的主食是自己卷的土耳其烟卷。诺拉怀孕后，乔伊斯又开始三心二意地考虑离开她的计划。他对斯坦尼斯劳斯说，一想到要背上沉重的物质负担，他就感到非常焦虑。诺拉对此是否有所觉察？我们永远无法得知了。她要詹姆斯代她向斯坦问好。她在信尾写上字母 X 代表问候之吻。她的情绪在阴郁和亢奋之间摇摆。

她经常在穿衣服时唱歌，试穿衣柜里的各种内裤来挑逗他：

> 老汤姆·格雷戈里
> 养着一大群野兽……

她会顽皮地舔掉密封纸盖上的果酱，讲一些滑稽的乡下段子来逗他大笑。但她也有不那么阳光的一面。她有时会像个无助的女孩一样躲在黑屋子里痛哭。她不愿意在没有他陪同的情况下独自上街，害怕被人欺负。她能说三十来个的里雅斯特方言的词语，但学不会法语，也不喜欢意大利烹饪法，认为太过粗糙。伯利兹学校的校长在认识她时，当面说她配不上乔伊斯。但乔伊斯却认为只有自诩思想家的人和女权主义者才希望女人和男人旗鼓相当。尽管乔伊斯总是在开着粗俗下流的玩笑，但仍不能掩饰这里的生活存在问题。炎热时她感到喘不过气，浑身乏力；寒冷时她又会生出冻疮。她经常说她想看到水壶在火炉上烧开，听到咕嘟嘟的响声。她闷闷不乐。乔伊斯担心她将侵蚀掉自己天生的乐天性格。于是我们在此可以想象这个年轻姑娘，穿着褐色的短衣裙，头发中夹杂着煤灰，和一个可以和其身体狂欢却不能窥透其心灵的男人一起生活。乔伊斯认为诺拉是一株无法安全移植的植物。他担心这样生下的孩子会天生忧郁。他眼看着诺拉拼命地照样板制作婴儿服，却频频失败，也不禁心生怜意。他认为诺拉在削弱着他的快活个性，他又误听说易卜生离开了自己的妻子，于是也产生了同样的念头。他们在可怕的阴郁中度过了一个又一个晚上。有一天晚上，诺拉为将乔伊斯挽回，背诵了他的一句诗："噢，亲爱的，让我聆听你 / 和你恋人的故事。"她背错了，但她朗诵时的神态却奇迹般地唤醒了他内心正在衰退的诗人的信念。两人之间的疏远对他们的性欲却也是个刺激。但乔伊斯仍然焦躁不安。他的流落生活有辱体面，也艰辛困苦，令他非常不满，非常苦恼，他向斯坦尼斯劳斯提出了回家的念头。他想吃一片和芜菁、胡萝卜一起炖的羊腿肉。他不看好自己和诺拉能有长久的未来，他不是那种信奉男女可以在"相互包容"的状态下共同生活的人。诺拉怀孕了这一事实更是使一切都变得令人踌躇。尽管乔伊斯认为自己和诺拉或许不得不分手，与此同时他又向斯坦尼斯劳斯建议，他们三人一起在都柏林的郊区租一幢漂亮的茅舍。他还编织了一些令人陶醉的美梦——如在茅舍的周围种满玫瑰。最重要的是，他希望能有人交谈。他的烦闷已经到了无法忍受的地步。斯坦尼斯劳斯能否来哪怕一个星期，这样他们也可以推心置腹地谈一谈？

乔伊斯和诺拉估计他们的第一个孩子将在8月出生，但令他们不无震惊的是他们算错了日子。那天乔伊斯正要去洗海水浴，诺拉突然感到一阵像是消化不良引起的剧痛，她被击倒了。房东太太请来了助产士。六小时后，当乔伊斯抱起了他的儿子和法定继承人时，他哼起了歌剧的曲调，并预言这孩子将像他父亲和祖父一样，有一副好歌喉。这个希望他始终没有放弃。

当“儿子出生，吉姆”的电报一大早到达都柏林时，一家人喜极而泣。斯坦尼斯劳斯说这消息给了他一种“圣诞清晨的感觉”（虽然当时才是7月）。乔伊斯还乞求他去找一位叫柯伦（Curran）的两人共同的朋友，因为这位喜气洋洋的父亲手头却有些拮据。约翰·乔伊斯也找人借了一英镑寄给他儿子。非同寻常的激动和兴奋在他们之间来回激荡着。詹姆斯承认他感觉到极其巨大的快乐，并说一个人所能经历的最重要的事情就是孩子降生。在乔治亚（Giorgio）出生前，他从来不为命运担忧，但现在他担忧了。

圣诞清晨的感觉没有持续太久。很快诺拉就为了贴补家用，接起了洗衣的活儿——内衣、衬衫、背心……要洗的衣物就列在乔伊斯当时正在创作的一部短篇小说的背面。这篇小说叫做《一朵浮云》（“A Little Cloud”）[①]，描述的是一个男人和妻子在新婚的激情逐渐消退后的紧张关系，那个男人感到家就像是牢笼，孩子的哭声则逼得他要发疯。多年后，在《芬尼根的守灵夜》中，乔伊斯描写了两个洗衣妇嚼舌根的情形，两人相互交流着各自客户的恶习和不端行为。但诺拉·巴那克尔却没有洗衣妇朋友，没人可交流，只除了她丈夫，而且当时他们的交流大多还是在床上。对家庭生活已心生厌烦的乔伊斯，亲吻了他的一个学生安妮·施莱默尔（Annie Schleimer），他甚至还提议两人结婚。安妮的父亲听说此事后，立刻取消了女儿的课程。

在乔伊斯的学生们的眼里，他是个无政府主义者——他活泼、古怪，又不敬神。他有很多他称为“小花饰”的段子让他们享用，例如：伯利兹学校的老板像

① 这篇小说收录在乔伊斯的短篇小说集《都柏林人》中。

是一块贪得无厌的海绵，吸尽了教师们的脑汁，还把他们的肉体钉上十字架。某位胸部很小的女士却有一颗像下水道一样大的良心。为了完善自我，他建议他们学习他的榜样，空腹喝上十四口苦艾酒。所有政府都是海盗。催税单就是些他能在上面乱画，他妻子能在上面随手记下些母亲写给孩子的关于鸡毛蒜皮的小事的小纸片。照他的说法，都柏林人就是把时间花在在酒馆或妓院里胡吹乱侃，对于把威士忌和对自治的承诺调和在一起制成的鸡尾酒从不厌倦的人。爱尔兰人注定要用一种不属于他们自己的语言来表达自己，他们为这种语言打上了自己的天才的烙印，并用这种语言与其他文明国家竞争荣耀。这种语言就叫做英语文学。许多年后，塞缪尔·贝克特又完善了这种说法，说是天主教会和英国统治的“鸡奸（使爱尔兰作家）出人头地”。尽管乔伊斯也许会向学生们嘲讽酗酒的都柏林人们，他自己却忠实地奉行了这一传统。他经常整夜泡在酒吧里，天明才“滚”回家。这是他践行节制生育的办法。他在对妻子的一次说教中说：“不，不，诺拉，我的宝贝儿，我对那样的游戏没有胃口”——他指的是性和生育。然而过不了几个晚上情况又变了，他又渴望深入诺拉的子宫。他在一家叫作“墙上的洞”的小酒馆饮酒，经常醉倒在回家的路上，直到有乐于助人的人来救助他。他的教师同事亚历山德罗·弗兰奇尼—布鲁尼（Alessandro Francini-Bruni）就是一个这样的好心人，他说自己是为醉酒的耶稣背十字架的古利奈人西门（Simon of Cyrene）[①]。人们会听见乔伊斯在纵酒作乐时高唱：“好东西要多享。因为我丢了家门钥匙。”这种情况下劝他是没有用的。

乔伊斯一向不听从于任何人。弗兰奇尼—布鲁尼说他的自我毁灭是冷漠和有预谋的。诺拉不得不调整自己，以适应乔伊斯那众多相互矛盾的个性。她会威胁离开乔伊斯，也当真离开过几次，但她的命运已经和乔伊斯紧紧维系在一起了，由于众所周知她在与乔伊斯姘居，她已经烧毁了返回戈尔韦与家庭团聚的船。乔伊斯会赌咒发誓不再饮酒，但第二天就违背诺言。他的思想永远在激烈变化，他的头脑中充满了各种不和谐的观点，会结晶为一篇篇优美的散文，从情欲的泥沼中腾飞，高翔于苦行主义的高峰。在弗兰奇尼—布鲁尼看来，乔伊斯的精神世界是混乱的，他是一个脆弱而歇斯底里的人，人

---

① 古利奈人西门：《圣经》中记载在耶稣前往受刑途中，被罗马人强迫替耶稣背十字架的人。

们经常看到他在为他的祖国哭泣，为千百年来那片土地上饱受折磨的成千上万的灵魂而哭泣。他对政治、王权、共和、国王和教皇都嗤之以鼻。他不向任何人卑躬屈膝。他有时喋喋不休，有时冷嘲热讽，即使双唇“紧闭得像一根坚硬的水平线”，他也在愚弄着周围的人。

詹姆斯不停地恳求斯坦尼斯劳斯来和他会合，以便他们能进行严肃的会谈。斯坦尼斯劳斯屡屡拒绝，詹姆斯则一再坚持。他说他们——詹姆斯、诺拉、小乔治亚和“亲爱的、甜蜜的、令人着迷的斯坦尼斯劳斯”——可以组成一个快活的家庭。詹姆斯和诺拉已经迁到了的里雅斯特。詹姆斯还在他任教的伯利兹学校为他弟弟谋到了一份教职。如果他们将资源汇聚起来，他们能过得非常舒适，甚至买得起一架钢琴。诱惑是多种多样的。他还说，如果斯坦尼斯劳斯现在就来，正好赶上新葡萄酒上市，满街还有卖烤栗子的。作为最后一击，他还给斯坦尼斯劳斯寄去了四十克朗，要他给自己买些好衣服，因为学校里不乏可恶而愚蠢的势利小人。

对斯坦尼斯劳斯来说，要花三十个小时乘船渡海，还要坐两天的火车穿越欧洲大陆。他在海上晕了船，在长途火车旅行中又挨了饿。詹姆斯到火车站迎接他，却多少有些草率地说道："你变化这么大，如果是在街上，我都要认不出你了。"他们到达公寓后，詹姆斯又告诉他，他和诺拉之间有些"小芥蒂"。斯坦尼斯劳斯受到的不是热烈的欢迎。诺拉像怀疑乔伊斯家族的所有人一样，对斯坦尼斯劳斯存有戒心。在这间有一个喧闹的小孩子的小屋子里，在白天争吵不断，晚上却又颠鸾倒凤的詹姆斯和诺拉之间，年近二十一岁、性情老成持重的斯坦尼斯劳斯，感到受了冷遇。他是被作为下属而不是弟弟召来的。詹姆斯斯很少同他说话。他正在经历他一生中非常易怒的阶段之一。婚姻制度，或者说是同居婚姻，是他不喜欢的，讨论这个问题是极其无益的。詹姆斯一拿到薪水，就去喝酒。他把斯坦尼斯劳斯的薪水和无论他能从谁那里借来的钱，都拿去喝了酒。随后，他又会为此懊悔，想安慰诺拉，他会不管家里的余钱多么少，都拿去给她买件礼物。有一天晚上，他拿了家里准备用来吃晚饭的钱，跑出去买了一条手绘丝巾。诺拉不断地威胁说要带着乔治亚回戈尔韦去，而当她奋笔疾书自己的怨愤时，乔伊斯从她的肩头望去，冷冰冰地提醒她，在写"我"字时，应当用大写字母"I"。然而当他坐下来创作摩莉·布卢姆的那些跳跃式的独白时，他对这种笔误就不是那么不可容忍了。

家族的气氛是令人难堪的：吃的东西很少，债主却时常不期而至。这时乔伊斯会弹奏钢琴曲以极力拖延时间，斯坦尼斯劳斯则被打发快跑至伯利兹学校，找这位或那位教授借钱。这情景回想起来像是喜剧，但当时对他们每个人来说都苦不堪言。

斯坦尼斯劳斯在日记中告诉我们，他曾多次拯救他们于挨饿。他也像诺拉一样，曾屡屡威胁要离开。但他始终没有走。诺拉似乎没有对他表现出同情来，至少最初的几年是这样。她的态度是：如果斯坦尼斯劳斯能挣来钱，那固然好，但如果他想开溜的话，“啊，那就随他去吧”。斯坦尼斯劳斯也曾短暂地搬走，但像所有感情上的乞求者一样，最终他又回来了。有某种东西将斯坦尼斯劳斯和他哥哥紧紧地维系在一起，但那很难说是爱。詹姆斯长兄如父，又是生活中的施虐者。斯坦尼斯劳斯在给家里写信时，试图抒发他的痛苦，但他不是诗人，他只是说他怀念都柏林湾的雾角声。

宣言

“神爱世人，却诅咒我！谁来改变我被诅咒的现状吧。”[①]改变，改变——对乔伊斯来说，他所希望的改变就是要有美酒、乳香和没药[②]。斯坦尼斯劳斯看到了詹姆斯如何因“激动人心的事件”而兴旺发达，而理查德·艾尔曼则将乔伊斯的一生描述为“从危机走向危机，从困境走向困境”。他居住了四年的的里雅斯特是个了无生趣的乡野褊狭之地，酷热的夏季能把像他这样的人烤成黄油，可恨的“博拉”暴风[③]咆哮肆虐，又仿佛是给那些鄙陋的饶舌鬼们鼓足了气——总之，会令他想起都柏林。而且，把斯坦尼斯劳斯请来与他和诺拉同住也是个严重错误。斯坦尼斯劳斯是个极好的通信伙伴，可以在信中和他讨论这样或那样的问题，请他评价一下詹姆斯寄给他的作品片断，但请斯坦尼斯劳斯来住在同一屋檐下，让他整天抱怨责任问题，让他在他那著名的兄长醉酒时饱以老拳，那他就是个令詹姆斯讨厌的人了。詹姆斯厌恶责任。

那么去哪里呢？乔伊斯决定去罗马——那座永恒之

---

① 语出詹姆斯·乔伊斯 1905 年 5 月初致斯坦尼斯劳斯的信。

②《圣经》上记载，耶稣诞生时，有东方三贤王献给他黄金、乳香和没药。此处作者用美酒替代了黄金，表示乔伊斯嗜酒如命。

③ 从内陆高山刮向亚得里亚海及其沿岸的季节性东北冷风。

城。那里适合于他的天命，或者说他这样认为，而且他心目中的英雄易卜生曾经在那里度过冬天。实际上他的怒气正在胸中膨胀，他在寻找“酿造的墨水”，以证明他的愤怒是有道理的，正如苦艾酒振作了他的头脑一样。他才只有二十四岁。

乔伊斯凭借他父亲四年前用甜言蜜语从都柏林市长大人办公室哄骗来的一封推荐信，在罗马谋得了一份银行职员的工作。对他这个挥霍无度的人来说，幸运的是他的职责不包括出纳成沓的浅黄色的里拉钞票，他被安排在内勤办公室负责写商业文书，工作时间为早八点半至晚七点半（中间有两小时午休时间）。他坐在一把用草秸编织的、没有坐垫的低矮椅子上，结果划破了裤子，不得不在炎热的夏天仍穿着长长的燕尾服以遮丑。但丁的作品也许为他提供了精神食粮——文化复兴的精神在这位大作家的身上得到了充分体现——但罗马却充满了“黑虱子”（耶稣会教徒）。这座古城——“到处是废墟、成堆的骨头和骷髅”，教皇治下的罗马像极了都柏林库姆区（Coombe）的贫民窟。

虽然乔伊斯明确说出的离开的里雅斯特的理由，是需要换一种生活和躲避形形色色的债主，但实际上他在无意识地寻找着一种会使他达到他前所未知的愤怒程度的环境。面对这种愤怒，甚至他对都柏林的苦涩记忆都会多少有些缓和。他对罗马的热情好客，对其居民如与世隔绝的岛民一般的真诚，及其欧洲任何地方都无与伦比的自然风光，都是不公平的。他仍在读爱尔兰报纸——《新芬报》（*Sinn Féin*）和《精灵报》（*The Leprechaun*）——让自己沉浸在政治新闻中，并品味更为臭名昭著的法庭案例。其中最为猥亵，并可能对他在未来小说中描写“桃色心理”产生了帮助的案件，是一桩牵涉八十五岁的犹太珠宝商莫里斯·哈里斯的离婚案。根据哈里斯年轻妻子的陈述，哈里斯对她很残暴，和他八十岁的女管家有染，常在餐厅里行苟且之事，甚至把粪便放进她的睡衣里，还和小姑娘们发生性关系。乔伊斯这才想起，在他逃离都柏林开始他本人的“圣迁”之时，还曾向哈里斯的侄子借过十先令呢。

乔伊斯认同犹太人的特性，“这个第一个在世界各地流浪的民族”，是正处于逆境的流亡者乔伊斯的难兄难弟。并非只有耶稣曾遭人背叛，詹姆斯·乔伊斯也有自己的骷髅地（Calvary）[①]。在另一种情绪上他也认同古希

① 骷髅地：《圣经》中记载耶稣被钉死在十字架上的地方。见《路加福音》23 : 33。

腊，正如他在《尤利西斯》中假勃克·穆利根之口所说的，他寻求对爱尔兰实行“希腊化”。他认为希腊语是“心灵的语言”。他所需要的就是一支钢笔、一个墨水瓶和“经过灵魂发酵的文字”，写出那些关于背叛他的人的短小精悍的句子。假如他的作品仅限于此的话，那就不会太长久了。实际上他的书卷要深刻得多——包含了对身体和灵魂、高尚和卑劣的领悟，似乎很忠实于他隐秘的信念：文学就其本质而言，是关于暴力和欲望的。在这方面，他和约翰·韦伯斯特（John Webster）[①]则可谓所见略同。

罗马的生活对乔伊斯来说是无法忍受的。斯坦尼斯劳斯又成了远方的聆听者，詹姆斯在写给他的信中，无情地嘲讽着自己的同事们——秃头的银行家、政治上的蠢驴，放了很多屁，却抱怨他们的肛门和睾丸膨胀了。他梦中的生活也好不了多少——充满了死亡、谋杀和尸体。他在这里比在的里雅斯特手头还要拮据，原因很简单，每月发薪后，他用不了几天就会挥霍一空。其次，他和诺拉、乔治亚时而还要小小地奢侈一下——烤鸡、火腿，再来上一升葡萄酒；还有给诺拉的小礼物，一剂补

① 约翰·韦伯斯特（1580？—1625？）：英国剧作家，生平不详，著有《白魔鬼》、《马尔菲公爵夫人》等。

药或一副手套。在这些关怀的鼓舞下，诺拉会恢复旧时的模样，用她的幽默让乔伊斯捧腹大笑。“耶稣和上帝是一样的吗？”这样的问题透着些许睿智，同样的问题还有：他在书中读到的易卜生和报纸上描述的易卜生是否一致。

然而很快他们就又要为老问题而烦恼了：他们只交得起一夜的房租，乔伊斯不得不在一天漫长的工作后再去做家教，才能保证第二天晚上有地方过夜。带着一个幼儿租房子是不受欢迎的。辛劳之下，乔伊斯仍要设法写作，诺拉带着儿子度过一个又一个百无聊赖的日子，对家庭也是一大贡献了。但终究出现了劳累过度的情况。乔伊斯那特有的“灵启示现”在诺拉看来，已不再是像珍珠和宝石一样梦幻的颂歌了，相反，他描绘起通风良好的房子、一个视力很弱的诗人，还有一张小床，上面坐着一位太太和一个可怜巴巴的孩子。乔伊斯说如果诺拉不再生下一个男孩来壮大乔伊斯家族，他也不会感到奇怪。作为预防措施，他俩头对脚地睡觉——然而这是徒劳之举。诺拉又怀孕了。

诺拉的生活模式比起乔伊斯来更为悲惨。到中午时她就不得不搬离租住的房子，带着乔治亚或者在食堂，或者在公园，或者仰视屋顶，或者俯瞰河流，枯坐等待着，直到她的救星带着做家教挣来的钱，和此后二十四小时他们的主食赶来。她要是能留下一部日记就好了。那时候她会想些什么呢？孤独？幻灭？戈尔韦？还是虚无缥缈的希望？她甚至给在银行上班的乔伊斯写过一封抱怨的信，然而乔伊斯所能做的，就是拿那封信擤了鼻涕。乔伊斯也注意到诺拉的文笔，对于一个没怎么上过学的人来说简直是奇迹，与托马斯·哈代（Thomas Hardy）[①]笔下那些忧伤的女仆姑娘们的敏感性，实在是非常相像。

作为作家和梦想家，乔伊斯可以想象他所没有的东西，但诺拉却没有这样诗意的升华，她没有钱，没有女性朋友，没有叽叽喳喳的密谈，也没有新衣服。乔伊斯后来回忆起这段罗曼史时，说就像是“燃烧的星球，纯粹而强烈，却又遥不可及”。他近乎于精神衰竭了。他先前所有的社会主义观念这时都抛弃了。他在银行工作，业余还要做家教，无论什么时候能借到钱他都会借。他还不断地纠缠他弟弟，给他写信抱怨自己的窘况。他们

① 托马斯·哈代（1840—1928）：英国小说家、诗人。早期和中期的创作以小说为主，作品多以其家乡威塞克斯为背景，晚年转向诗歌创作。代表作有小说《德伯家的苔丝》、《无名的裘德》、《卡斯特桥市长》及长篇史诗剧《列王》。

只剩下四里拉了，却还要买煤、灯油、蜡烛和面包。在这种情况下他本来是不可能写出任何作品的，但他却不知怎么，居然写出来了。他当时构思的故事后来成了《都柏林人》，塑造了这座城市的许多光辉形象。他虽然公开宣称厌恶都柏林，但书中却洋溢着对失意的人们、“被逐出了人生盛筵”的人们的同情。他那无微不至的感觉力已成为他身上根深蒂固的特性。他为了在短篇小说《体面》（“Grace”）中触及教皇的“一贯正确”，专门去维托里奥·埃马努埃莱图书馆（Biblioteca Vittorio Emanuele）查阅了所涉宣言的原文，并核实了两名持异议的教士的姓名——如乔伊斯在致斯坦尼斯劳斯的一封信中所描述的，这两名教士刚刚说出“反对”，“圣上”扭头就走，随后将他俩革出了教会。

催款的信件近乎于疯狂地飞向仍在的里雅斯特的斯坦尼斯劳斯。詹姆斯说如果钱不能及时寄到，他就要遭受灭顶之灾了。斯坦尼斯劳斯不得不把钱包在厚厚的纸里寄出，以免詹姆斯在银行的雇主没收——詹姆斯没少欠雇主的钱。那些信有时候写得真是可怜巴巴。他没有钢笔，没有墨水，没有稿纸，没有安宁，全家人的圣诞晚餐不得不以意大利面条来打发。斯坦尼斯劳斯的圣诞晚餐也不过是独自在卧室啃面包、火腿，但这似乎并没有让詹姆斯太过不安。开销是巨大的。乔治亚需要一张新床单，他还随意地打碎窗户和水杯。罗马的一切似乎都在和詹姆斯过不去。他在酒馆里受了骗，乔治亚的眼睛下方被一个骑马人不小心抽了一鞭子，而诺拉似乎永远处于一种忧郁状态。詹姆斯的牙齿松动了，他的灵魂也腐败了。他说生命正在从他身边溜走，就像水从布袋中渗漏。只有一项例外。尽管有这种种不如意，他的才智却开始绽放异彩。假如他对所遭遇的一切不能达到精确的理解和欣赏，他就会被"一种尖锐的遗憾"紧紧攫住。

他会在早晨七点，独自坐在一家咖啡馆里，反复斟酌他的小说中的某些语句——"那些抑扬顿挫、跌宕起伏的文字"；当然他也会读其他书。他在作出评判时非常严苛无情。"英国小说怎么会这样乏味、无聊。"他曾写道。继而他为哈代的一部短篇小说写了个梗概，锋利的笔触令人痛苦，但也精彩纷呈。英国作家下笔总是拐弯抹角。爱尔兰作家也好不到哪里去——不过是善于描写些杓鹬和湖水之类！奥斯卡·王尔德刚性不足。艾比剧院在上演辛格的《西方世界的花花公子》（*Playboy of the Western World*）时发生了骚乱，令乔伊斯感到激动，不过他并不同情辛格。在剧中，仪表堂堂的求爱者克里斯蒂·马洪（Christy Mahon）说他“有个梦想，女人们轮班侍立”，这句台词被民族主义者和宗教小丑们视为对爱尔兰妇女的侮辱。但在乔伊斯看来，这只是表明辛格缺乏想象力。对于这场纷争，他本可以在远处作壁上观，但他却站在了策划每天晚上在剧院捣乱的暴徒们一边，因为辛格已经被叶芝为首的文学圈子所接受，而乔伊斯还没有。但那些蒙他一时错爱的民族主义者们，后来也成了他嘲讽的对象——乔伊斯说他们是“醋山的强烈爆发”[①]和可爱的爱尔兰式“熏腿菠菜”[②]。乔伊斯承认，法国作家中的确有些人不同凡响，但他们的高卢天命感实在是膨胀得太过分了。左拉笔下的恢宏的法国史是乔伊斯力所不逮的。乔伊斯也无法理解，为什么兰波（Rimbaud）要让其未来掌握在魏尔伦（Verlaine）[③]手中，他詹姆斯·乔伊

① 1798年5月，爱尔兰爆发反英大起义。其间6月21日在韦克斯福德郡恩尼斯科西市的醋山（Vinegar Hill）发生了一场著名战役，是这次起义的关键一战，英军获胜，此后起义迅速被镇压。此处乔伊斯是讽刺民族主义者是醋意爆发。

② 原文为“gammon and spinach”，在英语中有“欺人之谈”、“胡说八道”的意思。

③ 法国诗人魏尔伦（1844—1896）曾与小他十岁的兰波发生短暂的同性之恋，后来在两人一系列争执之后，魏尔伦醉酒失手开枪打伤了兰波，被判入狱两年。当时才十九岁的兰波就此封笔，告别了诗坛。

斯的未来只会掌握在自己手中。

乔伊斯一生都是贪婪的阅读者。他读书，读小册子，读手稿，读街头的各种指南，总之，他读一切适合他那兼容并包的口味和强烈的求知欲的读物。他死后，在他的书房里清点出将近一千册书籍，范围极其庞杂，有《古埃及信仰的一条线索》(*A Clue to the Creed of Early Egypt*)、阿普列乌斯(Apuleius)[①]的作品、埃斯库罗斯(Aeschylus)[②]的作品、《普赛克和丘比特》(Psyche and Cupid)、托马斯·阿奎那的作品、柏拉图的作品、尼采的作品、爱尔兰歌曲集、《格拉斯奈文公墓中具有历史意义的坟墓》(*Historic Graves of Glasnevin Cemetery*)、考珀(Cowper)的《奥德赛》译本、乔伊斯侄子的袖珍弥撒书、未经删改的范妮·希尔回忆录[③]、一本关于尿酸的书、一本关于手淫的书、一本关于用扑克牌算命的小手册，还有一些伦敦和都柏林的精品店的商品目录。

他在不知不觉中构思了他的小说《尤利西斯》——

① 阿普列乌斯：2世纪罗马哲学家及讽刺作家，其最著名的作品是《金驴》。

② 埃斯库罗斯（公元前525？—前456）：古希腊诗人，悲剧作家。

③ 英国小说家约翰·克莱兰（John Cleland）在伦敦因欠债入狱期间，以妓女范妮·希尔回忆录的形式创作的小说，1748年问世，在英美屡禁不止，又盗版盛行，后来还曾多次被拍成电影。

“这是两个民族（以色列—爱尔兰）的史诗……”——他大胆地发出了宣言。他在致斯坦尼斯劳斯的信中写道，如果他把一只水桶放进他自己灵魂中掌管性爱的区域，他将提上一桶污浊的泥水，这泥水来自阿瑟·格里菲思（Arthur Griffith，新芬党领袖）、易卜生、圣阿洛伊修斯（他本人的教名）、雪莱和勒南，总之，人头脑中的性欲望和身体的性冲动都是横冲直撞、难以遏抑的。直到英王詹姆士一世时期（Jacobeans）[1]，性才得到了公开和自然的描写。狄更斯、萨克雷、勃朗蒂姐妹、托尔斯泰、福楼拜、普鲁斯特，都曾详细描述爱和暗恋的痛苦，也隐晦地写到性，但乔伊斯决心打破禁忌——公然描写性交、性倒错、手淫、嗜粪癖和其他一切在维多利亚时代的英国、清教徒时代的美国和假作正经的爱尔兰均遭到排斥的性行为。如果人们不喜欢，他也没办法。在论及某个具体问题的“意义”时，乔伊斯说凡夫俗子中很少有人每天早晨醒来时不害怕自己感染了梅毒的。“谈论纯洁的男人、纯洁的女人和精神恋爱”全都是骗人的鬼话。根本不存在这样的事情。性欲是人类原始冲动的核心。更

① 詹姆士一世在位年代为 1603 年至 1625 年。

重要的是，性欲是全世界普遍的特征，并非爱尔兰所独有——他将把他的故乡城市希腊化、希伯来化、妖魔化和不朽化，他将因为他的罪过而受到惩罚，但在他去世很久之后，他又将受到纪念：他的《尤利西斯》的片断将被刻在许多小铜板上，斜立于利奥波德·布卢姆和书中的其他人物曾经行走的人行道旁。

正如他所说，圣灵在墨水瓶里，“但是我的文学意识中性变态的魔鬼却坐在我的笔尖上忙个不停”。

一天晚上，乔伊斯在饮酒之后，被酒馆里的两个食客盯上。他们跟随他出了酒馆，把他打倒在地，将他的钱包洗劫一空，还假装是警官，把他扭送到警察局。罗马的“实验”戛然而止了。

斯坦尼斯劳斯只是隐约地知道出了事。电报上只写着：“八点到，准备好房间。”在火车站接到他们时，虽然未被告知，斯坦尼斯劳斯还是觉察到这个家庭很快又要添丁进口了。生活将更加艰难。乔伊斯无法恢复在学校的旧职，只得再去寻找学生做家教。出版《都柏林人》的希望也再一次落空。而从都柏林的家里又接连寄来可怜巴巴的信。妹妹们在信中写道，如果能寄回些旧衣服或一点点钱，“那将是上帝之赐”。约翰·乔伊斯手绘了一幅家里人凄惨度圣诞的画，并乞求那两个“无赖兄弟”寄回哪怕一英镑来。父亲提醒哥俩，在他有钱时，从来没拒绝过他俩要钱，他很快就要进医院了，这肯定将是他最后一次向他俩伸手了。当然，这不是最后一次。

然而，却是詹姆斯首先进了医院，他被风湿热击倒了。不久诺拉也被送进了贫民病房，并诞下了露西娅（Lucia）。诺拉说要不是斯坦尼斯劳斯搭救，她也许会把孩子生在街上。乔伊斯想以眼睛的保护神的名字为这个孩子命名，因为他莫名地恐惧失明。但都柏林的家里不同意。他妹妹波普伊来信说他们的父亲认为，吉姆挑选了一个意大利人的名字，简直是疯了。戈加蒂这时已是一位获得合法资格的外科医生了，正在维也纳行医。他写来了一封语带讽刺的慰问信，对乔伊斯没有时间康复病体表示遗憾。他坚称必须休息六个月，“才能保证心脏瓣膜的安全”。他还表示要汇一英镑给乔伊斯，帮他们渡过难关。但那一英镑始终没有到来。诺拉出院时，得到了二十克朗的慈善礼包。很快她又威胁起乔伊斯要离开他，或者给孩子洗礼以惩罚他。诺拉在和乔伊斯争吵时使用意大利语，以避开斯坦尼斯劳斯，但当她想重申她的同居要求时，对于乔伊斯的问题“你会在哪儿见到我”，她会回答：“我想，是在床上？”

他们俩这些“床头打架床尾和”的事情，斯坦尼斯劳斯写信告诉了好心的约瑟芬姨妈。约瑟芬姨妈对“可怜的吉姆”充满了同情。她预言诺拉不会离开乔伊斯，诺拉的威胁全都是“胡搅蛮缠”。想让詹姆斯·乔伊斯这样的天才去给蔬菜削皮或者照看婴儿，简直是“荒唐至极”。约瑟芬姨妈表达了对乔伊斯家继续添丁的担忧。诺拉的确又怀孕了，但孩子流产了，乔伊斯以他那病态的好奇心说，他是全家唯一对那个夭折的胎儿不能释怀的人，他沉痛地哀悼了它。约瑟芬姨妈原本对饮酒深恶痛绝，但却同情乔伊斯的酗酒无度，说那是因为《都柏林人》遭到了太多的拒绝，乔伊斯像所有借酒浇愁的人一样，“只是为了忘却”。乔伊斯自1907年完成了短篇杰作《死者》(“The Dead”)之后，就一直在努力四处演讲，并着手删改他那洋洋洒洒九百一十四页的《斯蒂芬英雄》，终于使之成为精美凝练的《一个青年艺术家的画像》。

1909年，乔伊斯认为该是时候让他在爱尔兰的家人见见他那幼小的儿子了，他提议把斯坦尼斯劳斯和那男孩一起送回家。从家人的回信中，他觉察出他们的态度有所迟疑，他意识到自己和那孩子都是不受欢迎的，因为那孩子是非婚生子。任何抚慰的言词都无法让他满足。他将独自远走高飞。隐藏的原因还将余波不断地产生影响。他不得不再一次蒙受他的同胞们加诸他的苦难。

背叛

在《尤利西斯》中，斯蒂芬曾说："天才是不会做错事的。"[1]他说得对。都柏林正等着向他那业已灼伤的灵魂施加更多的伤害，他在1909年至1912年的三次还乡中，情感遭受了极其沉重的打击，终于导致了他永远地断绝了和故乡的往来。

在这其中的第一次还乡，他将见识一种令他悲愤和震惊的背叛，很快又使他继之以对诺拉的身体的新的疯狂迷恋。和小乔治亚一同还乡证明是不合宜的。他是个迷信的人，一到金斯敦港的码头就看到奥利弗·戈加蒂那"肥胖的后背"，令他感到很是不祥。他父亲和妹妹到码头迎接了这个浪荡之子，并部分地原谅了他的私奔。他父亲曾写信给他，痛斥他和巴那克尔小姐一起离开铸成了巨大错误，不仅伤透了父亲的心，而且将锦绣前程"毁于一旦"。不过当他们看到那个小男孩和"神情越发忧郁的詹姆斯"时，他们的心软了，妹妹们还为他的一身外国装束爆发出惊叹。

那个星期詹姆斯和约翰冰释前嫌，达成了和解——至少表面上是这样。他们决定离开满是女人的家里，一

---

① 见《尤利西斯》第九章。

起到都柏林郊外的山上去走走。他们乘有轨电车来到蒂克诺克（Ticknock），为了给爬山助兴，他们溜进了一家叫“黄房子”（Yellow House）的酒馆，先喝上几盅。借着酒劲，约翰放声高唱起来，作为对儿子的原谅，他自弹钢琴，唱了一段《茶花女》（*La Traviata*）：“我的灵魂被悔恨吞噬……啊，愚蠢的老人啊！直到现在我才看出我造成的伤害。”他老泪纵横地质问詹姆斯为什么要离开，撇下他而不顾。詹姆斯无言以对，但父母终究是父母，爱尔兰的父母尤其舐犊情深。

一波未平，一波又起。乔伊斯归来的消息不胫而走，最终将把他逼得发狂。不甘寂寞的戈加蒂找到了他的老朋友，用惯常的污言秽语数落了他的一堆不是——“耶稣啊，伙计，你得了肺结核了。”乔伊斯始终态度冷淡，不肯和他开玩笑。正如他后来告诉斯坦尼斯劳斯的，戈加蒂先后提议一起喝些烈酒、葡萄酒、咖啡和茶，都被他拒绝了。他还提到都柏林在谣传辛格因为梅毒而死了。乔伊斯对别人的冷酷无情，可以达到令人惊愕的程度，然而当灾祸叩响他的大门时，他仍要大声抱怨。他的第一声怒吼发出于一天清晨的一份电报上，他向诺拉宣布：“我不去戈尔韦，乔治亚也不去。”

乔伊斯有强烈的被人背叛的需求，他将得到满足。诺拉在昔日和乔伊斯约会时，有些晚上也和另一个人待在一起。诺拉会伸出胳膊搂住那个人，仰起脸来等他亲吻。乔伊斯甚至都不用说出那个人的名字，但他们俩都知道他无疑指的是文森特·科斯格雷夫（Vincent Cosgrave），绰号“古怪的公鸡”。自诺拉和乔伊斯私奔以后，只要诺拉想伤害乔伊斯，她就会说科斯格雷夫认为他疯了。对于乔伊斯和诺拉，戈加蒂和科斯格雷夫一直心怀鬼胎。出于不同的原因，他俩都想报复乔伊斯。科斯格雷夫是因为追求诺拉失败，在乔伊斯的自传体小说中，他将被丑化地塑造为“眼光锐利的林奇”（lynxeyed Lynch）——一个“满脑子大粪”的人，在听了斯蒂芬关于美丽的高论后，斥之为“散发着纯粹的学究式的酸臭”。

乔伊斯实在是太轻率了，竟允许都柏林的人们传阅他的作品的某些章节。他发誓要戒酒，也没有坚持太久，很快他就又和科斯格雷夫一起推杯换盏，像昔日一样寻欢作乐起来。随即，一天下午，科斯格雷夫出手了。他对乔伊斯说，诺拉也曾和他一起外出，他们曾沿着运河漫步，一直走到了林森德；总之乔伊斯被骗了。他被戴上了绿帽子。乔伊斯愤怒的指责飞越了爱尔兰海。他的眼里噙满了泪水，他的心里充塞着苦楚，他感到自己一直在受到伤害，受到侮辱，受到摧残。他对诺拉的信任破灭了。一旦斯坦尼斯劳斯挣来路费，他就要立刻赶往的里雅斯特。他和诺拉之间的一切都完了。与此同时，他又乞求诺拉回信，告诉他那曾在黑暗中抚摸过他的手、那曾在黑暗中对他喁喁细语的声音，是否一去不复返了。她是否也曾和别人漫步在同样的街道上，同样徜徉于多德河岸，并把她那温柔的亲昵分享给那个人？此外，还有什么他不知道的事情，还有什么？尽管他对诺拉的信任破灭了，他仍然在为他那可怜的、错误的、恼人的爱乞求着怜悯。为了那份恼人的爱，诺拉给他回了信，劈头问道：乔治亚是不是他的儿子？他们在苏黎世“希望”旅馆里留下的初夜的血痕难道毫无意义吗？乔伊斯沉浸在自己的痛苦中，心想也许在都柏林展示“他的儿子”，反使他成了人们嘲笑的对象。他去拜访了自己最后的朋友 J.F. 伯恩（J.F. Byrne）。伯恩住在埃克尔斯街七号（No.7 Eccles Street）[①]，这个地址将在《尤利西斯》中名扬四海。乔伊斯向伯恩倾吐了饱受折磨的灵魂和饱受折磨的躯体

① 在《尤利西斯》中，“埃克尔斯街七号”是主人公利奥波德·布卢姆的家。

带给自己的痛苦。伯恩肯定地告诉他，那是可耻的谎言，科斯格雷夫和戈加蒂一直在酝酿诡计伤害他。他们嫉妒乔伊斯，既因为诺拉，也不止于此，他们嘴上不说，心里却明白乔伊斯有诗人的才华和气质，也许他那独特的审美趣味，那“被思想施了魔法的沉默”，最终会使他戴上“爱尔兰的荷马”的桂冠。

再说的里雅斯特，诺拉在读那些透着疯狂和懦弱的信时，得到了斯坦尼斯劳斯的帮助。斯坦尼斯劳斯先是说服诺拉相信，继而又说服詹姆斯相信，科斯格雷夫一直想替代詹姆斯，“进驻”诺拉的芳心。詹姆斯的态度随即来了个一百八十度的大转变。他怎么能怀疑诺拉呢？他是个多么不堪的废物。而诺拉又是个多么甜美多么高尚的贵人。詹姆斯给诺拉寄去了三包带壳的可可豆，让诺拉也受益于自己这趟愉快的还乡之旅。于是他又说起了那些令人眩晕的甜言蜜语，“在她内心的深处”，她那“温柔的、玫瑰一般的爱的喜悦”，让他充满了奇特的、不安的幻想。他们将同那邪恶的阴谋斗争，永远不再相互怀疑。詹姆斯得意地向诺拉描绘了一件他将送给她的礼物：一条金链上串着象牙颗粒的项链，中间的坠子上刻着——“当爱逝去时，爱就是不幸的”。现在，每封信都洋溢着希望和承诺的光辉。他要挣好多好多钱。他再也不在她面前说脏话了。他甚至在都柏林都得到了人们的接受。在格雷西姆饭店（Gresham Hotel）的酒吧里，他听到他的同胞们称呼他为“我们民族的诗人”。有了这顶桂冠和诺拉的爱，他们即便没钱，也要进入“我们人生的天堂”了。作为意大利新闻集团的一员，他设法搞到了一张头等舱优惠船票（只到伦敦）。在他新近形成的豪爽精神鼓舞下，他决定把妹妹埃娃带到的里雅斯特去。就在这时，他给斯坦尼斯劳斯打去了电报：“明天八点（到达）。身无分文。”

无论乔伊斯是否真的身无分文，他都获得了一些可贵的经验。疯狂的嫉妒重新点燃了他对诺拉的爱的激情，诺拉的身体对他来说又一次变得“妙如音乐，异彩纷呈，芬芳馥郁”。诺拉既没有肯定也没有否定是否曾和科斯格雷夫幽会，这使得乔伊斯在想象中品味窥淫的甜蜜时欲火中烧。不管这幽会在现实中是真是假，在文学中反正化为了真实。乔伊斯为他的戏剧《流亡者》（*Exiles*）构思了这样的剧情：丈夫和他最好的朋友在争夺着一个女人的爱，丈夫承认“在他那卑鄙的灵魂的某个可耻的部分”，他渴望着妻子背叛他。

诺拉对乔伊斯的控制力进一步加强了。事实证明，她是更强者。乔伊斯作为求爱者，乞求今后他们之间的爱“猛烈而狂暴”。

令很多人大惑不解的是，像乔伊斯这样一个智慧超群的男人，怎么会选择一个乡下女人并和她相伴终生。这是我手头的这些信件所无法解释的，这也的确匪夷所思，至今仍像依洛西斯秘密仪式（Eleusinian mysteries）[①] 一样无法解释。

---

① 古希腊每年在依洛西斯城举行的祭祀谷神得墨忒耳（Demeter）和冥后珀耳塞福涅（Persephone）的秘密仪式。

水桶

“对我来说，它将永远是世界第一的城市，”乔伊斯这样评价都柏林。真难以想象他去世后居然没有长眠在那里。

1958年，塞缪尔·贝克特和一些朋友曾试图将乔伊斯和诺拉移葬都柏林，结果因为两个顽固不化的机构——爱尔兰教会和瑞士当局——的阻挠，计划夭折了。所联系的都柏林的一家殡葬公司，工人们一想到要处理的是不洁的尸体，也畏缩了。

埃娃一直思念都柏林的家，时常抱怨的里雅斯特，说这里唯一的可取之处就是电影院。对于负债累累的乔伊斯来说，这不啻一个意外收获。他要经商了。

乔伊斯并非第一个梦想靠写作之外的手段发财的作家。巴尔扎克也做过同样的事情。他和乔伊斯不相上下——不过这里比较的不是他们的天才，而是他们的愚蠢。巴尔扎克想办一份报纸，他借了三万法郎，收购了一家垂死的报纸。令他痛苦的是，他不仅没能使报纸起死回生，还把自己送进了监狱。他要求仆人到监狱探视要身着制服，带来花束、一绺女人的头发和任何应季的水果。他的牢房里铺着地毯，饰有比利时花边围巾，还有镜子和一张长沙发椅，他还想勾引来探望他的漂亮女性。

乔伊斯认识了四个商人。他们在城里开了很多剧院，还在布加勒斯特开了一家叫作“沃尔塔电影放映机”（Cinematograph Volta）的电影院。乔伊斯说服他们和自己合伙。他们不仅将在都柏林开一家电影院，还将在科克和贝尔法斯特（Belfast）各开一家，所需要的一切只是他的车马费、他的热情和他一天十克朗的食宿费。

乔伊斯一回到都柏林，就全力以赴地投入了创业。他在玛丽街找到了一块空闲的场地，铺设了电线，装配了座椅，又选择了注定会激发他故乡市民们柔情的三部影片，分别是《巴黎第一孤儿院》（*The First Paris Orphanage*）、《保育院》（*La Pouponnière*）和《比阿特丽斯·桑西的悲惨故事》（*The Tragic Story of Beatrice Cenci*）。所有这些电影的效果，还将因为一个小管弦乐队的加入而得到增强。

乔伊斯是在丰特努瓦街（Fontenoy）他父亲的家里，他的腺体一派混乱、情绪一派亢奋的情况下，收到了诺拉暗示他的那封信。诺拉在信中大胆而直白地说她盼望着和他交欢。夜复一夜，乔伊斯都在疯狂地想象他在诺拉身体中进进出出，阴茎被欲火烧得灼热不堪。“水桶”只有深深地探入女人的性区域，才能感知她最大的热情，还有谁能比在林森德的初夜中使乔伊斯“成了男人”的诺拉，更能满足他的召唤呢？就像利奥波德·布卢姆沉溺于飞禽走兽的内脏一样，乔伊斯也想沉溺于女人欲望深处的大漩涡。他已不再顾影自怜，也不再为叩开诺拉的心扉而欣喜若狂，现在他们是身体呼唤着身体，他会扑倒在她柔软的肚子上，剥去她白色的内裤。“平静的眼睛里闪烁着娼妓的光焰”的诺拉，成了乔伊斯疯狂纵欲的同谋犯。他们那热烈的交欢不得不稍作收敛，以便他们那狂暴的欲望能够更加持久，并使乔伊斯实现文学上的飞跃。

诺拉启动了这场折磨人的马拉松，或者是在她欲火中烧时，或者是她下定决心要撩拨乔伊斯，使他在远离她身边时仍忠实于她。诺拉和两个幼小的孩子一起留在了的里雅斯特，陪伴她的还有乔伊斯的妹妹埃娃，和受托承担了乔伊斯的部分教职的斯坦尼斯劳斯。开办电影院的计划消耗了乔伊斯的白天，狂热的性欲却占据着他的夜晚。以往交欢的情景栩栩如生地浮现在他的脑海里，成为唯一持续的记忆，并鼓舞着现实中的他。波德莱尔（Baudelaire）[①]曾说：“触摸是有记忆的。”乔伊斯身在父亲

① 波德莱尔（1821—1867）：法国诗人，法国象征派诗歌的先驱，现代主义的创始人之一，主要作品为《恶之花》。

家中，却将他妻子身体的所有细节：乳房、阴户和火辣辣的舌头，以足以激发性欲高潮的文字描述给她。在那些“秘密的罪恶之夜”，他坐在厨房的桌旁进行着自慰，知道她或者在读他寄去的信，或者在写她的信，重复着那些让他“爆炸”的词语——“唐突无礼，野蛮残暴，无法抗拒，像魔鬼一样”。

乔伊斯挑逗诺拉，不仅是想让她像自己一样内心情欲涌动，还想让她在堕落和败坏的圣坛上成为比自己更优越的祭品。“脏些，再脏些”就是口令，他那“肮脏的红肉棒”插进了她那“茂密阴毛中的红肉穴”，他那“挺立的鸡鸡刺穿了她内裤上的狭缝”。他向她描述了她屈从时所提的那些狂野的条件，她语无伦次地说出的那些脏话，她响亮地放的屁，还有所有那些让他越发爱她的粗鄙而令人羞耻的时刻。偶尔他也会对她说，她仍然是他的王后，是他“美丽的野花”，但是他插入这些口头禅，还是要唤起以往的狂喜并想象未来的。他提醒她在林森德的初夜，她那长长的挑逗的手指慢慢地摩挲着他，直到他高潮来临，她却又用圣徒般高洁的目光凝视着他。在苏黎世的旅馆里，她希望他更大些，更长些，更硬些，放荡地向他喊着“加把劲，亲爱的！加把劲，亲爱的”。

她是否也和科斯格雷夫——那个他恨不得一枪崩了的死对头——做过同样的事情？她一定对他这样说过。他们之间并不一定要保守最后的秘密，即使诺拉在认识乔伊斯之前在戈尔韦有过什么愚蠢行为，现在也只会更加刺激乔伊斯的欲望了。

看着诺拉熟悉的笔迹，吻着她那些不连贯的语句，就像是紧握着她身体的某些秘不示人的部位，这让乔伊斯一整天都兴奋不已，直到晚上他们再进行心灵感应。诺拉被描绘成很多不同的角色：一个把他叫进小黑屋里进行惩戒的严厉的人，她坐在椅子上，两条丰满的大腿张开，手里拿着藤条准备抽他。啪！啪！如果诺拉肯穿着全套外出的行头，戴着帽子和面纱和他做爱，当她跨坐在他身上时，还脚蹬沾着泥的靴子，他将非常感激。如果再有镶着褶边的内裤和摩莉·布卢姆那繁茂的深红色花束，那这幅画面就更完美了。乔伊斯想象中的交欢，将在他们公寓的每个角落上演：楼梯的拐角处、黑暗的壁橱里，还有他们那激情充溢的小窝里。乔伊斯渴望听到诺拉的脏话和其他女孩讲给她的黄段子。但他也渴望得到救赎。在他们重逢的头几个晚上，她将用尽浑身解数和他做爱，以治愈他的欲望。与诺拉相比，乔伊斯实际上是个弱者，他又瘦小又懦弱，全欧洲也再不会有另一个女孩愿意在他身上浪费时间了。乔伊斯向诺拉保证，他再也不去妓院了。

诺拉回信说，因为他那些火热的撩拨，她现在都不穿内衣了。乔伊斯为此心醉神迷，要求她在公寓里找个私密的地方挠挠她的下体，以便她写得更生动，冲击力更强，也更具她的个人特色。然后他又提醒诺拉要谨慎。他担心诺拉投入别人的怀抱。如果那个人是斯坦尼斯劳斯——他就睡在一墙之隔的地方，本身对诺拉也有吸引力——那么乔伊斯就会找到他一直在热切寻找的终极背叛了。

光阴似箭，日月如梭，那些污言秽语和更加污秽的行为开始显现出物极必反的迹象。淫荡的誓言掺入了阵阵袭来的柔情而有所缓和。乔伊斯去了诺拉曾工作过的宾馆，求得一位女仆的帮助，进了诺拉曾经的卧室。他泪如泉涌，想要跪下祈祷，就像东方三贤王为躺在马槽里的耶稣祈祷一样。乔伊斯的信件内容无所不包，从强烈的性欲到复活的爱，也有家庭生活中那些可想而知的时刻。他想给他们厨房的地板铺些新的棕色油毡，想挂红色的窗帘，再买一把扶手椅，这样，他这位“神色忧郁的骑士”就可以坐在那里对她这位“小妈妈”侃侃而谈，最终使她导引他进入她子宫里那幽暗的圣所。

詹姆斯曾向斯坦尼斯劳斯保证他们将赚个盆满钵盈，然而他又一次乞求他的弟弟不惜一切代价挽救家庭不要被房东逐出了。开电影院的投机没有成功，部分上是因为天气实在太恶劣，他们选的影片也太过忧伤，那四个商人在砸了一千六百英镑后幡然醒悟，卷铺盖回家了。与此同时，乔伊斯在的里雅斯特的家庭却面临着被房东驱逐的危险。他又异想天开地卷入了两个上当受骗的计划——将冲天焰火引进的里雅斯特，担任多尼盖尔（Donegal）粗花呢商的代理人。结果都是竹篮打水一场空，他只好一面将多余的精力发泄在诺拉身上，一面再次乞求斯坦尼斯劳斯“不惜一切代价”挽救家庭不要被驱逐。

很多人都曾撰文指责出版这些声名狼藉的信是不适当的，编选这些信件的理查德·艾尔曼也饱受诟病。此前几年，一些不那么受指责的信也曾在诺拉和乔治的准许下出版了，塞缪尔·贝克特对文学家的遗孀们非常恼火，说“真该把她们架在柴堆上和作家本人的遗体一起焚烧”。但是这些信件是否真的有损于乔伊斯和诺拉在我们心目中的形象？它们是否贬损了他们的婚姻？并没有。

的确，这些信件是两个令人难以捉摸的人在癫狂的状态下写就的，其粗俗直白有些令人尴尬，然而它们让我们分享了两位奇人渴望融为一体的心情。乔伊斯的困惑就是我们的困惑，他那狂野的欲望也是我们的欲望，他的天才在于他从这些火热的素材中实现了令人窒息的飞越，在泥沼中“振奋了凡人和天使的心”。然而他仍然只是一个充满了炽烈情感的年轻人，就在那时他进了都柏林的一家医院，治疗他从一名妓女那儿感染来的一种“该死的下流病”。

这些信件并不全是关于情色的。首要的是，它们显示了诺拉对乔伊斯无边的信任，她纵容他做任何事情，容忍他做小大人、大小孩、偷窥狂，也允许他无所不用其极地实施诱惑。然而信中也显示了诺拉本人在性方面的勇气，这对于一个从戈尔韦的修道院里走出的女孩来说，实在是件非同小可的事情，也是对男人社会的共识的一个强烈挑战，社会期望女人们都保持神秘，将她们的性冲动深深隐藏。人们普遍认为性欲和母性是水火不容的。

这些信引人注目还有一个原因——为什么乔伊斯始终没有销毁它们或者请求诺拉销毁它们呢？乔伊斯一向

是痴迷于保密的，他甚至都不允许他的妹妹们看诺拉洗过的内衣，却把这些激情迸射的信随便地放在一个小房间里，使家里的任何人都很容易看到它们。他也曾要求诺拉隐藏她的性兴奋。他几乎成功了。几乎！然而最终他的窥淫癖暴露了，在他故乡的城市，在他的亲人们当中，在他的祖国暴露了。他曾认为他的祖国压抑了他，他恨不能将一桶光荣的、永不减少的性爱浆液泼向祖国。无疑，这些信是写给诺拉的，但它们也是乔伊斯写给他本人的，为了让自己确信他已经摆脱了罗马天主教罪孽的所有残余。但果真如此吗？

1928年，对这些信还一无所知的赫伯特·乔治·威尔斯(H.G. Wells)[①]，曾致信乔伊斯："你是真心信奉贞洁、纯粹和人人心中有上帝，所以你才总会迸出一些像'屄'、'狗屎'和'混账'这样的脏字。"威尔斯也许是对的，但是乔伊斯把他最隐秘的冲动诉诸文字，见诸报端，则既是信仰的声明，也是精神的释放。他放下了"水桶"，男人的和女人的。虽然他的文字中仍然会闪烁着像"她就像百合一样美妙，让人无法旋即离去"这样迷人的温

---

① 威尔斯（1866—1946）：英国作家，主要作品有科幻小说《时间机器》和《星际战争》、社会问题小说《基普斯》和历史著作《世界史纲》等。

柔，他也会写出摩莉·布卢姆那些“堆砌出来的华丽文字”[1]，以及《芬尼根的守灵夜》中易西(Issy)的狂喜：“在米克和双面怪尼克将鹅油烧尽后，我们在熹微的晨光中醒来。”而双面怪尼克（Nick the Maggot）却是一位用爱尔兰文抄写《福音书》的修士。

乔伊斯没有将这些信件公之于世，但也没有刻意将它们销毁。1940年，当乔伊斯夫妇离开巴黎时，诺拉的确将乔伊斯写给她的信付之一炬，正如她对海伦·纳丁（Helen Nutting）所说的：“它们不关其他任何人的事。”然而“作家沈恩”（Shem the Penman）[2] 却有不同的偏好。他的疏忽是《芬尼根的守灵夜》中伊厄威克的先声。“游手好闲、恬不知耻的恶棍”伊厄威克“在公园里面，他公然去调戏两个少女，并且向他们展示自己的亚麻内裤”。乔伊斯的秘密完整无缺地保留了下来，像是写在了一张干净的白手帕上，或是一张干净的白纸上，飘过了整个爱尔兰。真是自古人生多磨难啊。

---

① 指《尤利西斯》的最后一章，通篇都是摩莉·布卢姆的自言自语，没有一个标点，如同无休止地在堆砌文字。

② 作家沈恩是《芬尼根的守灵夜》中男女主人公的儿子。Shem本是《圣经》中挪亚的长子的名字。此处作者用作家沈恩来比喻乔伊斯。

障碍

乔伊斯曾说："我不想成为文学界的耶稣基督。"但不管他想不想，他都命定如此。他二十二岁时就开始创作的短篇小说，直到他三十二岁时，在经历了无数出版社退稿后，才得以出版。乔治·拉塞尔曾为《爱尔兰家园报》向他约稿，要求他写简单、合乎道德、能引起人们悲悯心的故事，保证给他一英镑的稿酬，但他已经进入了叛逆状态。

他在《爱尔兰家园报》上发表的第一篇小说是《姐妹》（"The Sisters"），随后又发表了两篇，他在故事中对爱尔兰人生活和性格的描写引起了很多人的不快。读者们不喜欢以这种方式被示众和嘲弄。乔伊斯本人也承认，当他在纸上落笔时，他经常被一种恶作剧般的心态所左右，但他也坚称，他试图让他的同胞们通过他"精心擦亮的镜子"好好看看他们自己。

这些小说的合集他称之为《都柏林人》，1906 年英国出版商格兰特·理查兹（Grant Richards）签署了出版该书的协议。"喜丧年华"[①]就要开始了。印制商对书中一些

① "喜丧年华"原文为"funferall"，出自《芬尼根的守灵夜》，这是乔伊斯的自创词，可以解释为"丧礼"（funeral）、"欢乐市集"（fun fair）、"众人皆乐"（fun for all），表示"哀伤"中混合着"欢乐"与"轻率"的生命过程，亦即"为结局提供一种喑哑的欢乐"。此处意指《都柏林人》的出版过程曲折坎坷，但最终还是成功了。

有争议的内容提出了异议。这些令人不快的语句包括“他妈的”，或者“经常变换两腿位置的女人”等等。

“噢，鼠目寸光的印制商啊！”乔伊斯抗议道。他坚决不受人摆布，不打算修改一个字。在和出版商言词并不激烈的沟通中，他敦促理查兹积极地着手对英语的欣赏趣味的改变。印制商害怕遭到起诉，最终退出了，理查兹也步了其后尘。在又试过几家出版商后，乔伊斯遇到了他一生的冤家，一个他很小时就认识的都柏林人乔治·罗伯茨（George Roberts），与后来发生的事情相比，他们早期的龃龉似乎还只是偶然的。

如果济慈（Keats）按照他自己的说法，有一半喜爱舒适的死亡的话，乔伊斯则是有一大半喜爱迫害。他与罗伯茨打交道的经历，就是一连串的搪塞糊弄、装傻充愣和撒泼耍赖。罗伯茨在答应出版这些短篇小说后，就和他坚定的印制商——一位姓福克纳（Falkner）的先生——一起嗅到了危险的气息。但乔伊斯是不屈不挠的。他说他不应因为故事中灰坑、烂白菜和动物内脏的臭气而受到指责，因为这就是他在这座城市里所看到的。“我们愚蠢、滑稽、呆滞、腐败，但我们仍值得同情。”他傲慢地说道，并补充说如果连爱尔兰人都拒绝对他笔下的人物施以同情，世界上其他地方的人就更不会同情他们了。这点上他错了。

“不幸的家庭各有各的不幸”，而乔伊斯的每篇故事，也各自有不同的冒犯人之处。在《会议室的常春藤日》（“Ivy Day in the Committee Room”）中，爱德华七世国王被说成是“一个爱凑热闹的俗人”、一个“耽于格罗格酒”的人。罗伯茨认为这些话有损王室声誉，想尽一切温和的说辞来劝说乔伊斯删改。乔伊斯最终给乔治五世国王写了封信，请求他宽恕那些有冒犯语句的段落。毫不奇怪的是，一封例行公事的信通过秘书进行了答复，说陛下对这样的事情发表意见，是不合皇家仪轨的。乔伊斯同意进行删改，但却不肯违逆他那尖刻的个性，他投书爱尔兰报纸，抱怨他的艺术创作遭遇了交配变异，堕落成了私生子，这令罗伯茨和他的助手们很是不快。

理查德·艾尔曼在一篇关于乔伊斯和意识流的文章中曾写道：“不是我们挑选经验，而是经验挑选我们，因为我们希望它们自动找上门来。”《都柏林人》曲折的出版历程和乔伊斯陷入的其他争执，无疑都证明了这一点。乔伊斯刚刚同意删改一篇故事，罗伯茨就会大嚷大叫着提出另一篇故事的问题。乔伊斯求助于文学界的朋友，但无济于事。托马斯·凯特尔（Thomas Kettle）读过他的故事后，认为对爱尔兰有害。随着时间一天天地过去，疑虑和反对的声音不断增强。人们都说这些故事是反爱尔兰的，这种情绪与罗伯茨想做个爱国出版商的目标格格不入。故事里提到了各种各样的酒馆，会导致所有酒馆老板诉诸公堂。匆忙赶回都柏林来平息事端的乔伊斯，提议他和罗伯茨挨家挨户拜访酒馆老板们，求得他们保证不提起诉讼。假如这种串酒馆的行动当真付诸实施了，一定会成为爱尔兰出色的专栏作家迈尔斯·纳·戈帕林（Myles na Gopaleen）主持的言谈粗俗的专栏的笑料。迈尔斯本人对酒馆就不陌生，他坚称乔伊斯活着，而且活得很好，正在通往马林加（Mullingar）的路旁的一家酒吧里工作。

乔伊斯不得不请了位律师来摆平罗伯茨。不幸的是，他选择的律师乔治·利德维尔（George Lidwell）在代理指控警察的案件方面富有经验，却并不善于体会小说之精妙。他不但没帮上忙，却处处起反作用。他认为每篇小说中都存在有问题的语句，但最骇人听闻的要属《偶遇》（*An Encounter*）。一个令人作呕却没人敢说出其名称的主题在这篇小说里发出了声音。故事的结尾有同性恋的暗示，一个怪老头劫持了两个男孩，他先是从鞭打中享受到很大的乐趣，然后又做了些令他们大为惊骇的事情。对吉本斯[①]略知一二的利德维尔先生怒斥这种恶行是“人神所共疾”。于是乔伊斯不得不同时同三股力量开战了：顽固的罗马教会、英国王室和律师。他看到硬顶是没有出路的，便改变了战术，态度柔和起来，甚至说起谎来。他愿意删去这段，或者那段，甚至愿意移除整篇会引发众怒的故事，然而每次让步换来的都是变本加厉的新要求。最终他还是迎来了“最不友善的删除”。托马斯·凯特尔发誓将因为书中的同性恋元素而狠批该书。凯特尔是文学圈中的人物，是个理想主义者，曾以小福丁布拉斯（young Fortinbras）[②]的精神投笔从戎参加了第一次世界大战，对他的同胞的任何污蔑或想象中的污蔑都会激怒他。乔伊斯陷入了孤立。就连他父亲也认为他写出这样的东西是大逆不道。他给带着孩子在戈尔韦的诺拉写信

① 此处有可能是指奥兰多·吉本斯（Orlando Gibonns，1583—1625），英国作曲家，1619 年任英王室内乐师，1623 年起任威斯特敏斯特教堂管风琴师，所作的宗教音乐宏伟华美。

② 小福丁布拉斯是莎士比亚戏剧《哈姆雷特》中年轻的挪威王子，在剧中是一个“娇养的少年王子，勃勃的雄心振奋了他的精神，使他蔑视不可知的结果，为了区区弹丸大小的一块不毛之地，拼着血肉之躯，去向命运、死亡和危险挑战”。

抒发了自己的绝望，悲叹已经在自己想象力的子宫中孕育了多年的孩子将永远无法出生了。诺拉打来电报鼓励他不要放弃希望。乔伊斯受此鼓舞，计划把诺拉接到都柏林来看赛马会，并想给她买些新帽子。

罗伯茨又想出了一个蒙混过关的办法，让乔伊斯以道歉的形式写一篇序言。善于狡辩的乔伊斯答应考虑这个建议。他去了戈尔韦，相信自己可以智胜敌人。后来在回忆时，罗伯茨对一个局外人说，他根本没想当真出版《都柏林人》，但也不想放手。他在无意识的拖延中，以折磨乔伊斯为乐。他给身在戈尔韦的乔伊斯写信，诉说了他更多的疑虑。罗伯茨能够预见到此书如果出版将招致的诽谤诉讼和地震般的道德义愤。时任爱尔兰总督的夫人阿伯丁太太（Lady Aberdeen）是都柏林治安维持会的中坚分子，肯定会大为震惊，整个国家也会如此，就连罗伯茨自己的未婚妻无疑也会踹了他。

乔伊斯急急忙忙地赶回都柏林，典当了他的怀表和表链，找到了一位作家朋友帕德里克·科拉姆（Padraic Colum）陪着他去找罗伯茨理论。情况的发展并不妙——双方唇枪舌剑，争吵不断升级，最终罗伯茨向两位作家下了逐客令。乔伊斯只好将全部希望寄托在利德维尔身上，在奥蒙德饭店（Ormond Hotel）宴请了他，期望他能将事情转圜。利德维尔写了封信，说是故事并不必然引发官司，问题将会得到解决。但狡猾的罗伯茨拒绝读信，因为收信人署的是乔伊斯而不是他。利德维尔本人也非善茬，说他不能给罗伯茨写信，因为罗伯茨并非他的委托人。就在这时，屋漏偏逢连夜雨，乔伊斯的弟弟斯坦尼斯劳斯又从的里雅斯特写来了信，说是乔伊斯一家因为拖欠房租，被勒令在九天之内搬出他们租住的公寓。目空一切的乔伊斯告诉他弟弟不必担心，他将在的里雅斯特雇一名律师和房东打官司。善于写讽刺文章的伟人乔伊斯，很快就要变成出色的官司辩手了。

事情陷入了停滞。罗伯茨说除非乔伊斯签订协议，在书被没收的情况下肯承担第一版的成本，他才肯出版此书。他提议签两份担保合同，乔伊斯为每份合同交一千英镑抵押金。对于乔伊斯来说，这就像赎回典当的怀表一样遥不可及。在自己辉煌战略的鼓舞下，罗伯茨又以伦敦一家律师事务所的名义写了封信，提醒乔伊斯，由于在书中提及了众多商铺、酒馆和铁路公司的名字，实际上是提交了一本诽谤他人的书，因而属违约行为。利德维尔这时已消失得无影无踪了，乔伊斯只好又雇了一位律师。这位狄克逊先生（Mr. Dixon）读了小说后勃然大怒，痛斥乔伊斯荒废了他的才华，侮辱了他的祖国。罗伯茨在这场流血娱乐中杀得兴起，使出了他的最后一击——他愿以三十英镑将印版卖给乔伊斯，这样乔伊斯可以把书拿到英国去印。乔伊斯答应考虑这个提议后，离开了罗伯茨的办公室，意外地保留了一份校样。然而不到二十四小时，印制商福克纳先生就在一腔正义的激励下，告诉罗伯茨他不能收钱来印这些故事，而且他要摧毁印版。罗伯茨在一阵小学生般的兴奋下通知乔伊斯，他的小说已经被“毁为碎屑和纸浆”。这相当于死刑已经执行。

那天晚上，乔伊斯坐在约瑟芬姨妈的家里，一边用钢琴弹奏着情歌，一边哭泣。他的姨妈叫来了诺拉安慰他，因为乔伊斯的眼泪也是为了她和已经疲倦的爱情而流。

第二天，乔伊斯一家永远地离开了“爱尔兰的旷野”（Moy Eireann）。

在从慕尼黑至的里雅斯特的火车上，乔伊斯思忖着罗伯茨那令人厌恶的道理，在一张大幅纸上奋笔疾书了一篇告别宣言：

炉中喷出的毒气

臭大粪，烂洋葱
你真的以为我会印出
惠灵顿的纪念碑
悉尼的游行队伍和沙丘海岸的有轨电车
唐斯糕点铺和威廉果酱店……
这些名字？

我要把那本书烧了
所以请帮助我吧，魔鬼。
我要唱着圣歌看它焚烧
还要把灰烬存进一只有把手的骨灰盒。

我要双膝跪倒
以放屁和呻吟来苦修赎罪。
我把忏悔的屁股撅向天空
直到下一个大斋节来临。

这首诗被乔伊斯失业的弟弟查理在都柏林到处传扬，

查理或许还为此而感到高兴。

两年后，原先的出版商格兰特·理查兹认为道德氛围已不那么严苛了，决定出版《都柏林人》。书出来后，评论褒贬不一，很多人认为素材是病态而无生气的，指责作者没有正常地向读者展现主题。一年后书只卖出了三百七十九册，其中一百二十册是被穷困潦倒的詹姆斯·乔伊斯以不为人所知的方式购买的。

调情

“我再也不离开你了。”在一次返回都柏林时，乔伊斯写信给诺拉说道。他始终没有遗弃诺拉，但在他三十多岁时，却有三次经历了“混蛋金赤的动摇”。正如必须从抽象思维中挽救想象力一样，乔伊斯也渴望新的浪漫的爱情。乔伊斯先生尽管为人刻薄，尽管聪明过人，但到了女人的问题上，他也很浪漫。和她上床，蹂躏她，践踏她，充斥在他的小说中；但在现实生活中，他却说：“我们首先要有感觉，然后再倾倒。”他的其中一次“倾倒”，是在瑞士洛迦诺，当时他接受了一次眼睛手术，正在恢复当中。那位女士是年轻的医生格特鲁德·肯普弗（Gertrude Kaempffer），当时正处于肺结核的康复当中。她像乔伊斯一样，是个精神上受了伤的人。乔伊斯给她写了一些非常出格的热情洋溢的信。他希望她能窥破他的心灵，正如他希望诺拉一样，但他也告诉了这位陌生人他的第一次性觉醒，当时一位护士小姐要小便，吩咐他转过身去。肯普弗小姐理所当然地认为这样的信任有些太唐突了，坚决地避开了他。她文质彬彬地提出的理由是，他们的友谊也许会伤害乔伊斯太太。

乔伊斯的另一次企图稍许成功，原因很简单，对象是他的一名学生——阿马利娅·波珀尔（Amalia Popper），一个有着羚羊般的大眼睛和快乐的歌喉的小姑娘。她是一名叫作莱奥波尔德（Leopoldo）的犹太商人的女儿。乔伊斯认为自己骨子里也是犹太人，心想这小姑娘对他的诱惑一定是有古老而神秘的渊源。他会穿着他父亲的黄色旧马甲来上课，慵懒地斜倚在两把椅子上，一边喷云吐雾，一边妙语连珠地不断迸出一些谐音双关语：

Mephistopheles（梅菲斯特，《浮士德》里的魔神）= Mavis Toffeelips（欧歌鸫的甜唇美喉）

Xmas cake（圣诞蛋糕）= chrissormiss wake（让基督都丢了魂的觉醒）

De Profundis（深沉的哀恸）= deepbrow fundigs（狂欢嬉闹）

学生们喜欢这种稀奇古怪的事情。他们会取笑他戴的一枚戒指——那是他防备失明的护身符——正如他们可以责备他不戴结婚戒指。话题会随着他不时的突发奇想而千变万化。“Generally”（意为“一般，通常”）会被发音为“General Li”（意为“李将军”）——一名上吊自杀了的中国勇士，像这样的话题又会引发他高谈阔论中国的专制制度。他口若悬河地用语言描绘着一幅幅活灵活现的图画，一会儿让他们心醉神迷，一会儿又让他们惴惴不安。一个姑娘也许远远望去像是充满鸟语花香的玫瑰园，但就近细看就成了一堆煤炭。另一个姑娘也许很像淑女，但在街上一滑倒就原形毕露了。乔伊斯本人也会“滑倒”。他给学生们唱歌，他唱“谨慎小心的杜利先生”，但他自己就不谨慎小心。阿马利娅紧紧地攫住了乔伊斯的心。他对她的痴迷后来凝结成一部散文诗集《吉亚科莫·乔伊斯》(*Giacomo Joyce*)。阿马利娅是个朦胧中的女孩，像蛛网一样脆弱。她永远留下了一个穿着香气四溢的皮衣的犹太姑娘的形象。

家庭生活需要负责任，带着两个幼小孩子的诺拉，不时地威胁乔伊斯要离开他，还经常要钱。阿马利娅则不然，她就像是宏伟的哥特式建筑。她安居在自己古老的城堡里，锁子甲挂在墙上，高跟鞋敲击在石阶上，也敲击在渴望和小姐搭上一句话的乔伊斯本人心上。乔伊斯想到她时，一半是崇拜，一半也很刻薄。他这样描绘她：在维切里（Vercelli）[1]的稻田里，她的脸上挂着虚伪

① 维切里：意大利西北部城市。

的微笑，柔和的双眼中则潜藏着令人作呕的黄色幽默。在她那天鹅绒般的虹膜中，乔伊斯也感觉到一种针刺般的恶毒。她是他的海达！他的海达·加布尔（Hedda Gabler）[①]。这主要是一场眼睛引发的爱恋。两人年龄的差异，阿马利娅的家教和小资的矜持，都形成了某种障碍。乔伊斯本人不安的道德心也在阻止他——“别胡闹了，詹姆斯！你忘了你曾经大半夜走在都柏林的街头，哭叫别人的名字吗？”

乔伊斯坚持要阿马利娅听了一场他做的关于《哈姆雷特》的讲座，他在讲座中论述了她父亲对她的影响。他将精明谨慎的莱奥波尔德·波珀尔比作《哈姆雷特》中饶舌自负的老廷臣波洛尼厄斯（Polonius）。没过多久，乔伊斯就在阿马利娅家的门口被告知，阿马利娅因为阑尾炎住进了医院。他心烦意乱地走开了。那纯洁的处子之身要被外科医生的手术刀切开了，那美丽的羚羊般的眼睛里充满了痛苦。阿马利娅痊愈了，但乔伊斯很快从她的微笑中觉察出了冰霜般的冷淡。阿马利娅的眼神开始躲避起他。乔伊斯被解聘那天，他觉得阿马利娅屋里

---

① 海达·加布尔：易卜生同名悲剧中的女主角。

的钢琴就像是一副棺材。这不仅是一段不圆满的恋情的终止，也是乔伊斯青年时代的结束。在《吉亚科莫·乔伊斯》中，身陷黑暗的讲故事人说道："到此结束，再不回头。"阿马利娅将成为他小说的素材——"写吧，你这该死的家伙，写吧！除了写，你还能做什么？"

接下去的一次"倾倒"是为一位"玛莎"[①]——玛莎·弗莱施曼（Marthe Fleischmann），一位具有贵族气质的美女，被一位名叫鲁道夫·希尔特波尔德（Rudolf Hiltpold）的富裕工程师包养在离乔伊斯在苏黎世的住所很近的一幢公寓内。她是个悠闲的女人，抽着烟，在双乳间塞着一块带玫瑰香水味的手帕，像摩莉·布卢姆一样读着言情小说。她一定是对这个神经过敏的新求爱者感到讨厌。有一种说法告诉我们，乔伊斯看见她要走进她家大门时，气喘吁吁地赶上去，告诉她她让自己想起了多年前在都柏林看见过的一个在海边蹚水的小姑娘——他未来小说中的瑙西卡（Nausikaa）[②]。乔伊斯在甚至还不知道她的名

---

① 玛莎·克利弗德：《尤利西斯》中与主人公布卢姆互通情书的女打字员。

② 《尤利西斯》采用与古希腊史诗《奥德赛》情节相平行的结构。其第十三章是与《奥德赛》卷六中瑙西卡公主的故事对应的。布卢姆和在沙滩上玩耍的少女格蒂彼此意识到对方，并以目传情，与尤利西斯（奥德修斯）和瑙西卡公主相互抱有好感，却不曾进一步接近遥相呼应。

字之前，就给她写了成堆的信。他亲手把信送到她住的公寓，然后就站在公寓外的街上看着她读。她一定曾感到惊异和错愕，这些语气夸张、如歌剧般的赞美一定激起了她心中的波澜，也许会令她洋洋自得。乔伊斯希望她是犹太人，但要像圣母马利亚一样不信犹太教。他的爱尔兰马利亚在家里憎恨家务活。他乞求她能回哪怕一封信，异想天开地呼唤着上帝的帮助。这些信是用德语和法语写的，因为害怕被人发现，乔伊斯漫不经心地伪装了自己的笔迹。她是个长着摇摆的翅膀的小尤物，尽管她很高傲，她的性格中却有爽直和不知羞耻的成分。乔伊斯已不再是在都柏林时那个对同伴冷嘲热讽的傲慢青年了，现在他是个追求者了——一个苦苦等待她的寻觅者，想象着她从黑暗中起来，青春、神秘又雅致。旺盛的性渴望和炫目的白日梦折磨着他。为了避免她怕麻烦或太胆怯而不给他回信，他会送去一个写好了自己地址的信封。万事俱备，她只须写一个字就足够了。“是”，还是“否”？她是否也像他一样痛苦？是否也神魂颠倒？他无疑是神魂颠倒了，他居然说他每天早晨看报纸时，都害怕在讣告栏目里看到她的名字。他的妻子不知道这事，如果知道了，会大吵大闹的。几年后，当她看到一张照片——穿着时尚的女主人偎依在他身旁，似乎在读着《尤利西斯》时——她勃然大怒起来。他想给他的玛莎送花，但是却不敢。这秘密或许会被发现。他送了她一册他的诗集《室内乐》，随即便站在窗外，看着她读那些他心灵的标记。她成了他的“玄义玫瑰，为我等祈！”（O rosa mistica，ora pro me!）。[1]

她同意见他。乔伊斯选择在自己生日——2月2日——也是圣烛节[2]那天来款待她，每年的这一天对他来说都是一个盛大的日子。约会安排在弗兰克·巴德根（Frank Budgen）家举行。喜欢诺拉的巴德根原本很不情愿，但乔伊斯对他说这对自己的心灵和艺术发展至关重要，他于是宽容了。乔伊斯到得很早，拿着从一位古董商那里借来的犹太教烛台。古董商问他借去何用，他说“用于安魂弥撒”。

巴德根家墙上的画显得太素了，没有征服的意味。乔伊斯坚持要他立刻用木炭画上些裸体速写，巴德根照办了，他不得不暂时离开自己的家，并答应稍晚些时候

① 语出天主教《圣母德叙祷文》。乔伊斯在《尤利西斯》的第十二章曾引用其片断。

② 圣烛节：2月2日纪念圣母马利亚行洁净礼的基督教节日。

带着妻子和孩子来，一起为乔伊斯办个生日晚会。夜幕降临时，一切准备就绪。乔伊斯点燃了蜡烛，既因为烛光很浪漫，也因为他想在会使人更显妩媚的光线下欣赏他的客人。他那不信教的玛丽半推半就。后来当乔伊斯再见到巴德根时，他透露说他“探索了女人身体上最冷和最热的部分”。这话真是耐人寻味！现实生活中的玛莎，既是小说中玛莎的翻版，也带些摩莉·布卢姆的痕迹。她那猜疑妒忌的包养人发现了她的不端行为后，把乔伊斯召到了公寓里。乔伊斯可不是普希金那样的性情，他道了歉，叹息了男人的弱点，并保证以后再也不见她了。

美国女作家玛丽莲·弗伦奇（Marilyn French）在《世界这本书》（*The Book as World*）中说：“似乎可以肯定地说，乔伊斯蔑视女人。”并非如此。乔伊斯的思想和他的作品一样，一切关于他的事情都是复杂和矛盾的。他同意英国作家布莱克（Blake）的主张，应该选择具有“朦胧和性感气质”的女人，但他也意识到，布莱克像他一样，出于一种极高的自负，想自己塑造女人。乔伊斯年轻的时候说话极其坦率，斯坦尼斯劳斯告诉我们，詹姆斯会猜这样的问题：哪个女人大腿间最热，“能够给性伙伴以极大的推动”。他喜欢引用当时流行的一种医学说法，女人只是一种每天排一次尿，每星期排一次便，每月来一次月经，每年分娩一次的动物。从女人到“一个越来越粘的情人”，要经过很长很长的距离。

像所有伟大的艺术家一样，乔伊斯对一切事物都有着激进且不断变化的想法。在一篇关于《玩偶之家》（*A Doll's House*）的文章中，乔伊斯说易卜生所要解决的，也许是人类最重要的革命——男人和女人的关系。与此同时他又说爱尔兰女人是所有道德自杀的肇因。他评论说苏格拉底和赞蒂普（Xanthippe）结婚，只是为完善他的辩论艺术，因为他不得不同一位悍妇对抗。然而他又声称，一个男人如果不是每天都和一个女人一起生活，在他看来是不完整的。他说耶稣、浮士德和哈姆雷特就是在这方面有所缺失的典型例证。

在乔伊斯早期的小说中，妇女都是以他周围的女人为原型的牺牲者形象。母亲和姐妹们在社会上和经济上都蒙恩于她们伺候的男人。她们在生儿、育儿、清洗夭折儿女的尸体中熬得油尽灯枯。她们认为自己如此苦行，都是为了求得来世神灵的慈悲。

在乔伊斯的短篇小说《伊夫琳》（*Eveline*）中，一个年轻姑娘就要和一个小伙子乘船私奔了，然而到了最后时刻，她却犹豫了。她听着街上传来的风琴声和水流的拍击声，打了退堂鼓。她嘴里说着“不！不！不！”苍白的脸上露出了屈从的神色，“她的眼神没有一丝爱恋或即将离别的迹象，也没有曾经熟稔的表情”。她“内心里翻江倒海”，最终决定回家去照顾她父亲。实际上乔伊斯与女人的情感共鸣远超过男人。乔伊斯二十岁出头时所写的《憾事一桩》(“A Painful Case”)，讲述了一位不幸的埃米莉·希尼可夫人（Mrs. Emily Sinico）为一位达菲先生（Mr.Duffy）所爱慕。达菲先生是个“憎恨标志着身体或精神的失调的一切事物”的男人。希尼可夫人鼓励他让天性充分发展，并成为他忏悔的告白者，直到有一天，或者是一个晚上，她不明智地将他的手贴在了自己脸上。对于这个惯于孤独的单身汉来说，这太过分了。达菲先生永远中断了他们的关系。四年后，当达菲先生在一份晚报上读到了报告希尼可夫人的死讯的小讣告时，他心里充满了对她恶行的厌恶。希尼可夫人的女儿在他的一再追问下，承认了她母亲有深夜外出买烈酒的习惯，因而在跨越铁道线时遭遇了车祸。在故事结尾时，达菲先生的厌恶被一阵良心上的剧痛所代替，他责问起自己为什么要杀死她。在《都柏林人》的所有故事中，女人尽管都是受害者，但都占据着道德上的优越地位。她们比处于支配地位的男人要高尚。在《往生者》(*The Dead*)中，贾柏瑞(Gabriel Conroy)望着熟睡中的妻子，意识到自她死去的情人主宰了她的梦后，自己在她生活中的地位是多么的边缘化。

在更具审美情趣的《一个青年艺术家的画像》中，女人成了理想化的生物，她们像海鸟一样，高高地提着裙子，脸上带着孩子般的天真，在海边蹚水。但是当乔伊斯认识了诺拉·巴那克尔后，他笔下的女人就成了优雅和性感的体现。她们不再是受害者，而成了男人的诱惑者和女巫。在《尤利西斯》中，女人们都精明狡黠，魅力四射。在沙丘海滩玩耍的格蒂·麦克道维尔(Gerty MacDowell)令利奥波德·布卢姆心旌摇荡，还只是对描写摩莉·布卢姆欲望的铺垫。摩莉是个穷奢极欲的女人。弗拉基米尔·纳博科夫(Vladimir Nabokov)[①]曾论及摩莉的陈腐和粗俗，还想以锐利的笔锋来断开她那些如汹涌急流般的语句。然而摩莉的作者却不这么认为。乔伊斯曾在桌头摆放了一张古希腊雕塑的照片，以便让自己在创作摩莉这个基点方位为胸部、臀部、子宫和阴户的人

① 弗拉基米尔·纳博科夫(1899—1977)：俄裔美籍文学家。著名作品有《洛丽塔》、《普宁》、《微暗的火》等。

物时，能够全神贯注。他承认写摩莉比他写其他任何事物都淫秽，但他又说摩莉“神志极其正常，完全无关道德，她仍能受精生育，她不值得信赖，她妩媚迷人，她精明节俭，她什么都不在乎”。摩莉的信条是“咱们找点儿乐子不好吗”，她对政治漠不关心——她将新芬党（Sinn Féin）称为“罪人芬”（Sinner Fein），却对生活的方方面面都有详尽论述。她想象着性冒险的经历，即使她的情人布莱泽斯·博伊兰（Blazes Boylan）（“是个连诗和白菜都分不清楚的蠢材”）那天已经访问过她。她若有所思地观察着她丈夫四处徘徊，紧盯着女人们，紧盯着她们如胶似漆的嘴唇和华丽的衣服，最后回家来却讲了个鸡和牛的故事，但她是个脑后有眼的人，知道他“肯定是去了什么地方”。她断定那不是爱，否则他会茶饭不思的。在坦白而幽默地评价男人方面，只有乔叟（Chaucer）[①]笔下的巴斯妇（Wife of Bath）堪与摩莉媲美。

凯特·米利特（Kate Millett）[②]在其《性政治》（*Sexual*

① 乔叟（1340？—1400）：英国诗人，用伦敦方言创作，使其成为英国的文学语言之父，代表作《坎特伯雷故事集》体现了人文主义思想。

② 凯特·米利特：生于1934年，美国女权主义作家和活动家。代表作为出版于1970年的《性政治》。

Politics）一书中，说乔伊斯“天真而积极地加入了对原始女性的崇拜”。然而乔伊斯一点儿也不天真，如果说他描写的女性在性方面是原始的，那只能说明他的预见性前无古人后无来者。实际上他对女人比对男人宽容得多，他完全有理由如此，因为诺拉、西尔维娅·比奇（Sylvia Beach）和哈丽特·维沃尔（Harriet Weaver）——三个女人分别为他提供了灵感、出版和资助。他对女人的信任远超过对男人。他说男人之间的关系是建立在竞争、嫉妒、对抗的基础上的，所有这些情绪“全都堆积在友谊的名义下”。

虽然乔伊斯小说中的人物没有罗伯特·格雷夫斯（Robert Graves）[①]所谓的“白女神”那样纯净的光环，但她们在各自的世界里，都是至高无上的。

---

① 罗伯特·格雷夫斯（1895—1985）：英国诗人、小说家、评论家，著有参加第一次世界大战回忆录《向一切告别》、历史小说《克劳狄乌斯一世》和爱情诗等。

尤利西斯

1915年，意大利参加了第一次世界大战，的里雅斯特被宣布为占领区，如果乔伊斯继续待在这里，他将有被拘留的危险。而且，他的学生全都应征入伍了。公开反对奥匈帝国的斯坦尼斯劳斯，因为坦率直言被送进了集中营，圆滑世故的詹姆斯却没有——正如他所说："为保命而做耶稣会士，就会成为善耍外交手腕的耶稣会士。"因此该是迁往别处的时候了。乔伊斯带着诺拉和孩子们回到了苏黎世，将接下来七年的时光全部倾注在《尤利西斯》的创作上。为此他一身兼任"抒情诗人、数学家、天文学家、机械专家、几何学家、化学家和美学家"。这段时间他也很容易突发疾病，饱受溃疡和眼疾的折磨。他曾说一个人的心中只能容纳一部小说，其他的小说都是雷同的，尽管戴上了看似各具特色的艺术面具。他喜欢提醒自己，他是在三十五岁左右开始着手这部鸿篇巨制的，正是但丁开始创作《神曲》(*Divine Comedy*)、莎士比亚为他的十四行诗《黑暗女王》(*Dark Lady*)绞尽脑汁的年龄。

《尤利西斯》是乔伊斯看到、听到和偷听到的一切事物的集萃。神圣的和亵渎的，严肃的和滑稽的，玄奥的和轻佻的，意义重大的和无关紧要的，喧嚣的和安静的，各种事物都被他以或流畅或顿挫，或如马步轻快或如牛蹄闷重的笔调，一一写进书中，汇成了1904年6月16日，各色各样的都柏林人熙来攘往的一天——也是为纪念乔伊斯和诺拉首次约会而选取的一天。

坦率地说，故事平淡无奇，人物既无悲剧性也无英雄性：就是一大群都柏林人，主要是斯蒂芬·迪达勒斯、摩莉·布卢姆和她的丈夫利奥波德·布卢姆，以“不间断地展开思路”的笔法描绘出——这是乔伊斯最早从法国作家爱德华·迪雅尔丹（Edouard Dujardin）的小说里偶然看到的一种手法，但正如他所说的，他用蛋糕从迪雅尔丹那里换来了面包。

斯蒂芬好比初生的忒勒马科斯（Telemachus）[①]，离开了他在马铁洛塔（Martello tower）的住所，踱进了都柏林，给学生们上了堂课，提了些难题，又自己作了解答。他搪塞了校长，又来到沙丘海岸。在那里，他的审美幻想受到了良心的刺痛。他曾在心目中把年轻姑娘们幻化成天真无邪的海鸥，然而现实中有着妖精般白色皮肤的妓女们却与这种理想形成了鲜明的反差。夜幕降临时，他在一家妇产医院的学生区遇到了利奥波德·布卢姆。那里一群年轻人

① 忒勒马科斯：希腊神话中奥德修斯和珀涅罗珀之子，助其父杀死了向珀涅罗珀求婚的人。

在觥筹交错的喧嚣声中高谈阔论，而一位正在分娩的妇女正经受着漫长的煎熬，努力想把捣蛋的宝宝生下来。

利奥波德·布卢姆是个女人气质的男人。他以上街买羊腰子做早餐开始了他的一天。当他回到家里时，他取了邮件，认出有一封信来自摩莉的情人布莱泽斯·博伊兰（“他那兴冲冲的心情立即颓丧下来”）。博伊兰也是为摩莉安排演出事宜的经理人。十点钟的时候他出门上班，这是一项优哉游哉的工作——为《自由人报》（*Freeman*）拉广告。路上他去邮局取了一封写给他的留局候取的私密情书，他用的是化名亨利·弗罗尔（Henry Flower）。写信的是玛莎·克利弗德（Martha Clifford），一个失恋的打字员。他信步踱进了一座教堂，想听听圣乐，然而大失所望。他给妻子买了化妆水，又去公共浴室洗了个澡，然后和四个自命不凡的都柏林人一起去格拉斯内文参加了一个葬礼。喝了杯勃艮第葡萄酒后，他又去国家图书馆查阅过期报纸上的旧广告，给他妻子买了本装帧漂亮的书《偷情的快乐》（*Sweets of Sin*）。他在奥蒙德饭店（Ormond Hotel）的餐厅提前吃了晚饭，瞥见他的情敌布莱泽斯·博伊兰来小酌一杯，无意中听见斯蒂芬的父亲西蒙·迪达勒斯唱了一首悲叹流亡和分离的歌。

他一想到博伊兰很快就要和布卢姆太太幽会，就很是不自在。然而他有苦难言，只能向自己夭折的儿子悲伤地倾诉："恨。爱。那些不过是名词而已。鲁迪。我快要老了。"后来他又不得不听了一个狂热的爱尔兰"市民"的高谈阔论，独自来到沙丘海滩想散散心，幸运的是，他那流盼的目光落在了格蒂·麦克道维尔身上。格蒂的心里正充满了对叛逆的渴望。布卢姆知道她一定会屈从于自己，但他却责备起自己——"又这么干吗？"他的下一站是妇产医院。丈夫是个卫理公会派教徒的麦娜·普里福伊夫人（Mrs. Mina Purefoy）已经在那里待产三天了，而那些医科学生们，那些将要从事神圣职业的浪荡学子们，正在纵酒狂歌。

起初他为她搔痒，
接着就抚摩她，
并捅进一根女用导尿管。
因为他是个医科学生，
爽朗快活的老医……[①]

---

① 这首歌引自《尤利西斯》第九章。

那天深夜，布卢姆和（已经喝得有些醉醺醺的）斯蒂芬·迪达勒斯一起来到了贝洛·科恩夫人（Bella Cohen）开的妓院，一个怪异的巢穴。和活人的交媾被与死人的纠缠打断——一个面部麻痹僵硬、头上顶着个多叉驯鹿角形帽架的反影的莎士比亚，出现在镜子里；斯蒂芬的母亲没有眼睛，没有牙齿，脸色像麻风病人一样苍白，那形象会让人想起《麦克白》中的女巫。她对斯蒂芬说，自打在肚子里怀上他，多少年来就一直爱着他，并警告他要当心天主的手。“狗屎！”斯蒂芬勃然大怒，还用梣木杖打碎了枝形吊灯。他高喊着：“我不侍奉！”（Non serviam!）

在去埃克尔斯街七号布卢姆家的路上，他们来到了一个马车夫棚，喝了些醒酒的咖啡，然后从那里去了布卢姆家——那寻觅已久的伊萨卡岛（Ithaca）[①]。最后，布卢姆又回到了他的婚床上，在他的妻子摩莉——以忠实的珀涅罗珀（Penelope）[②]命名的本书的“中心点”——身

① 伊萨卡岛：希腊西部爱奥尼亚海中群岛之一，传说中奥德修斯的家乡。——编者注

② 珀涅罗珀：《荷马史诗》中奥德修斯忠实的妻子，丈夫远征特洛伊时一直守在宫中，拒绝了无数求婚者，终于等到丈夫归来。她的名字也成为“贞妇”的同义词。

旁睡着了。摩莉是个放荡的极品，头脑精明，也从无罪恶感。她清楚丈夫像世界上的所有无赖一样风情万种，她拒绝在家里雇女佣，以免布卢姆被勾引进厕所，却不介意雇个小男孩。她想象着那个小男孩看着她的吊袜带，脸变得绯红，一连几个小时贪婪地偷窥着她。她想起了很多事情：她丈夫的胡言乱语，他逼她买的黑色马裤，她生女儿米莉（Milly）时所受的罪，早晨和博伊兰的打情骂俏，她想要的紧身胸衣，青山和碧草，丰盛的大自然里，壮美的牛儿在燕麦地里游荡，五彩缤纷的花朵在溪流边绽放，迎春花和紫罗兰，她在摩尔墙脚下的初吻，布卢姆对她的追求……她那奔流般的想象最后在一连串的“好吧”、“好吧”中结束了。

语言，不断变化并以令人目眩的精湛技巧得以展现的语言，才是此书真正的男女主角。故事、人物、情节和人物极化，一切既有的概念都被颠覆了。相形之下，大部分其他小说都显得怯弱无力。福克纳（Faulkner）[①]自认为是乔伊斯精神的继承者，然而尽管他那令人上气不

① 威廉·福克纳（1897—1962）：美国小说家，作品多以约克纳帕塔法县为背景，反映美国南方社会的历史状况，代表作有《喧嚣与骚动》、《村子》等。1949年获诺贝尔文学奖。

接下气的语言有时的确与乔伊斯有几分相似，但乔伊斯笔下的人物是更活生生的人类，都柏林也不只是为讲述那些人物的可宽恕性而设的背景，而是像人物一样丰富多彩、悦耳动听。再没有哪个作家像他这样出色和详尽地再现一个城市了。

《尤利西斯》的每一章都有一个标题、一幅场景、一个钟点、一种器官、一门学科、一种颜色、一个象征和一种技巧。于是我们先后置身于炮塔、学校、海滩、家里、浴室、墓地、报馆、小酒馆、图书馆、大街、音乐厅、又一个小酒馆、再度来到的海滩、妇产医院、妓院、家里和一张大床上。书中提到的器官有腰子、生殖器、心脏、脑子、耳朵、眼睛、鼻子、子宫、神经、肌肉和骨架。各章的象征从马到潮汐，到美少女，到圣餐，到圣母，到芬尼亚会[①]会员（Fenian），到妓女，到土地，不一而足。所涉技巧则从自恋到夸张，从肿胀到幻想。风格变化之大，以致十八个片断完全可以被视为一张封面下的十八篇小说。

乔伊斯一向喜爱荷马笔下的英雄奥德修斯（Odysseus），

① 芬尼亚会：指 19 世纪爱尔兰争取民族独立的反英组织。

倒不是因为他武艺高强，而是因为他足智多谋。劣等的人才动武。乔伊斯对尤利西斯（奥德修斯）的评价要高于哈姆雷特、堂·吉诃德或浮士德。他钦佩的是奥德修斯身上的人类的特性：他不是个嗜血的人，他视战争为商人解决问题的办法。当征兵官找到奥德修斯时，他正和小儿子一起犁地。为了逃避应征，奥德修斯装起疯来。征兵官怀疑他在使诈，就把他的小儿子扔进了犁沟，奥德修斯不得不收住了犁。一旦被招入希腊大军，他便献出妙计，率士兵们藏进木马，最终击败了特洛伊人。在乔伊斯看来，奥德修斯返回伊萨卡岛的长途历险，使得他成为远比阿喀琉斯（Achilles）和阿伽门农（Agamemnon）更加伟大的英雄。这位希腊英雄将有一位现代的化身，那就是利奥波德·布卢姆，尽管布卢姆的征服无疑是不流血的。

乔伊斯还需要经过多年的磨难，才能开始创作《尤利西斯》。此前他还将因为他的戏剧《流亡者》在慕尼黑的遭遇而备受打击，该剧被称为“爱尔兰炖肉”。他还需要努力为他的小说《一个青年艺术家的画像》找到出版商，并不断地把“他的家庭大篷车”从一个小公寓搬到另一个。

乔伊斯很少谈论战争，也从来没写过关于战争的文字。他认为政治和政府是专家的事情，而他只在一件事情上是专家。他认为1916年都柏林的暴动是没用的。叶芝则不然，热情洋溢地歌颂了在邮局屋顶上升起了爱尔兰的旗帜，后来遭到处决的那一小队勇敢的献身者。多年后乔伊斯对波兰小说家扬·帕兰多斯基（Jan Parandowski）说，所有的战线上都有战斗，帝国纷纷垮台了，国王们遭到流放，旧秩序崩溃了，然而他坚信自己是在为最遥远的未来做贡献。他没有去过战争前线，但他每天都在自己的壕堑里独自战斗，编写和拆解着故事。断奏音调，分解和弦，他以一种离奇的方式再现了都柏林。他认为假如这座城市被摧毁了，他的小说可以作为重建的蓝图。

《尤利西斯》是在初版二十年后，才出现在美国的，被禁的时间大致与美国《禁酒令》施行的时间相仿。这使得乔伊斯的一位盟友评论说，思想是与酒瓶一起开放的。美国一个地方法院的乌尔赛法官（Judge Woolsey）宣判说，此书并非“为色情而色情”。他没有从中“觉察到色鬼们的诱惑”，因此他愿意证明，此书并非像纽约防治罪恶协会（New York Society for the Prevention of Vice）所指控的那样是色情作品。乌尔赛法官为乔伊斯，也为文学，做了件大好事，不过读读他的判决词，很显然那位文豪令人晕眩的影响力也深深地折服了他。法官说：“那始终变化莫测的画面和形象，如同可以反复擦写的书卷一样，不仅承载着每个人对自己真实生活的关切，还伴随着对往事挥之不去的残存记忆和印象，甚至包括源自切近的深潜意识。”

所有接触过乔伊斯作品的人似乎都有些茫然无措，这使得我们会像摩莉·布卢姆一样大喊：“哦，别转文啦！用普普通通的字眼告诉我！”斯图尔特·吉尔伯特（Stuart Gilbert）[①]曾说“神的启示始于催生具有创造力的胚胎”，并且如同“风神埃俄罗斯送给奥德修斯的装有各种风的口袋”，也有一些作家谈论“蒙上了纯粹淫秽意味的色欲之光构成的模糊星云”。还有一位权威人士详尽论证过摩莉卧室里的夜壶的存在主义含义，断定那是我们这个颓废的时代的象征，夜壶柄上的橙色珠子则暗示着直布罗陀的旗帜。哦，别转文啦！乔伊斯一向是以“最赤裸最冷静的方式”在选择他的用词，而且他像一名神射手一样

① 斯图尔特·吉尔伯特（1883—1969）：英国文学评论家、翻译家。曾协助将《尤利西斯》译成法文。

准确地使用这些词语。乔伊斯说所有词汇都尽在他囊中，他只是把它们以正确的顺序排列好。他会专注于每一个用词，不仅考虑其音韵、其感觉、其适合性、其优美性、其粗俗性、其广泛的关联性，有时也会考虑其内涵核心的预言性。每个词语，像每个形象一样，都要经得起考察。即便如此他也还不满意。他想要一种超越所有语言的语言，他拒绝任何传统的禁锢。他希望自己就是上帝。

乔伊斯不知羞耻地缠着他的朋友和熟人们给他讲各种奇闻轶事，甚至要他们谈论对利奥波德·布卢姆的看法。他在的里雅斯特时同身在苏黎世的朋友弗兰克·巴德根的通信，使我们可以对他钻研之谨慎和才智之敏锐豹窥一斑。一个标语口号就足以启发他的灵感。他在给巴德根的信中，曾指出他把人们说给他的哪怕只是片言只语的奉承话，都很好地利用了起来。从都柏林的朋友们那里，他需要知道贝拉·科恩夫人的妓院里的自动钢琴、斯蒂芬·迪达勒斯在他亡母的鬼魂出现时用梣木杖击碎的灯都会是什么样，以及音乐厅里会演奏什么样的美妙乐曲。最后他决定用《我的意中人是个约克郡姑娘》（“My Girl’s a Yorkshire Girl”）。还有荷马，故事总要回到发源地。在《荷马史诗》中，赫耳墨斯（Hermes）给了尤利西斯一根魔草，保护他免遭喀耳刻（Circe）[①]的毒手。这根魔草是个“棘手的问题”。据说它长着白花和黑根，有神奇的魔力。这就引发了一连串的问题。这是否一种抵御意外事件的无形的力量？它能抵御什么样的意外事件呢？乔伊斯想，或许是 syphilis（梅毒），于是他又想知道，syphilis 的语源是“猪的爱”还是 syn phileis，即人的性交？或者魔草会不会是能导致男人阳痿，因而能制成使人保持纯洁的汁液、预防犯罪的油膏的苦艾·乔伊斯曾和他称为“像马焦雷湖（Lago Maggiore）[②]一样迷人的”圣莱热男爵夫人通信。圣莱热夫人告诉他魔草是一种大蒜花。乔伊斯选择了赫耳墨斯，是因为他是指示方向的神，是利奥波德·布卢姆的指导者。于是，希腊和都柏林，古代和现代，就融为一体了。

就这样，乔伊斯每天工作十个小时。他配备有韵书、地图、街道指南、吉尔伯特所著《都柏林历史》（*History of Dublin*），还缠着他的朋友们问这样那样的精确信息，比如商店的名录、通向埃克尔斯大街七号的台阶有多少，等等。他还要求他忠实的约瑟芬姨妈准备一张大纸，在

① 喀耳刻：希腊神话中的美丽仙女，精通巫术，曾把奥德修斯的同伴变成猪。
② 马焦雷湖：意大利第二大湖。

上面记下她突发的任何自认为讨厌、该死的奇想，比如考证1893年的严冬，运河上结的冰是否硬到让人们可以在上面滑行。每写完一章，他都会像崩溃了一样回到卧室，他的妻子不得不一边照料他，一边听他大骂："该死的荷马，该死的尤利西斯，该死的布卢姆。"

但乔伊斯的恢复力是惊人的，他很快就会重新振作起来，教书、写作、逛酒馆和妓院——他所谓"任何城市中最有趣的地方"。已经搬到了另一座公寓的斯坦尼斯劳斯，时常能收到詹姆斯送来的便条，诉说他们又揭不开锅了。而为了延缓被房东驱逐，乔伊斯也经常需要在他分期付款购买的钢琴上弹奏一曲，哄骗房东再宽限他们一个星期或一个月。家庭生活的艰难似乎还没有击倒他，至少那时候还没有。苏黎世是个充满刺激的地方。这里有希腊人，有波兰人，有德国人，有因为道德或宗教原因而拒服兵役者，有艺术家，有投机者，有间谍密探。各色人等汇聚在同一座城市，又都经常出没于乔伊斯本人饮酒作乐的孔雀咖啡馆（Pfauen Café），使他能在不经意中听到很多"高论"，如未来主义、立体主义和达达主义等。

他的听众们一定是被这个身材瘦削、长着淡茶色头发的爱尔兰人迷住了。他与人握手时显得柔弱无力，头脑却机敏灵活。他向每个人询问他们最了解的事情。他在纸条上记下他们所说的俗话俚语和奇闻轶事，再装进口袋里。他会说五种语言，对希腊语也略知一二，尽管不是经典的希腊语。遇见希腊人，他会认为是幸运，遇见修女，他则认为倒霉。他会打听在斯库拉（Scylla）和卡律布狄斯（Charybdis）[①]之间飞翔的鸽子和都柏林的鸽子长得是否一样。他还央求有的人对一种被称为塞壬（siren）[②]的藏在珊瑚洞中，据说会诱惑水手的海鸟的身体结构进行描述。每个国家都有自己独特的神话传说和风俗习惯，每个人也都有自己的专业知识和礼貌举止，乔伊斯如饥似渴地学习着。他向当地人打听迎春的仪式：代表冬天的魔鬼会穿着棉衣被架在木柴堆上焚烧。他抄下法语歌曲，尤其喜欢淫秽的歌。他总是带着一个小匣子，里面装着一对小玩偶，他会把两只手指伸进小玩偶中，在柜台上表演木偶戏，以取悦形形色色的顾客们。

---

① 斯库拉是意大利墨西拿海峡中的巨岩，卡律布狄斯海峡中与之相对的大旋涡，在希腊神话中，二者又都是女妖。斯库拉会抓住过往船只的水手并吃掉他们；卡律布狄斯则一天之内三次吸入又吐出海峡中的水，将路过的船只一并吞噬。英语成语中，处于斯库拉和卡律布狄斯之间便表示“腹背受敌、进退两难”。

② 塞壬：半人半鸟的女海妖，常用美妙歌声引诱水手，令船触礁沉没。

在一封致弗兰克·巴德根的信中，他曾以一种沉重的语气，讲述了衣着庄重的重要性。

许多年后，都柏林诗人奥斯汀·克拉克（Austin Clarke）讲述了他和乔伊斯在巴黎相遇的情形。他说乔伊斯热衷于打听都柏林学童当中流行的最新色情故事。克拉克认为乔伊斯深受“爱尔兰特有的一种色情文学”的折磨，但他也是一位梦想家。实际上乔伊斯既是梦想家，也是挖掘者、动名词的搜集者，最终成为词语的锻造者。他会在喝得醉醺醺后，率性地跳着舞，朗诵着魏尔伦的诗，大步慢跑地回家去，第二天又埋头于令人痛苦的工作，把他听来的所有那些笑话、色情故事、歌谣小曲、各种鸡零狗碎等写进书里，使他的书更加普适化和博大精深。对于一个劣等的作家来说，像这样放纵行乐也许是毁灭性的，但乔伊斯必须体验一切以写作一切。事情还不这么简单。他要使读者震惊，要把他们带到一个他们从未到达过的觉悟境界。他并不是要进行马塞尔·普鲁斯特那样的“实验”，他曾这样评价普鲁斯特：“分析静止的生活。读者们比他先知道句子的结尾。”乔伊斯则要不断超越未知的边界。

“接近墨水瓶。”乔伊斯在给弗兰克·巴德根的信中写道。巴德根曾做过水手，对于乔伊斯来说，他在海上的经历，他了解的海上的故事、海上的俚语、海员们的性苦闷，都要转化为觉醒的都柏林流浪者口中的话语。经过乔伊斯一连好几个月的软磨硬泡后，巴德根不得不来到巴黎和他会面。两人相见甚欢，会一起待到很晚很晚，酒吧关门后，乔伊斯仍会坚持要求让他们在楼上的雅间继续会谈。当下半夜他们不得不动身回家时，戴着草帽、拿着手杖的乔伊斯会模仿伊莎多拉·邓肯(Isadora Duncan)①的舞姿，旋转胳膊，高踢腿，还扮出鬼脸，巴德根将他比拟为邪教仪式上的小丑。他们会纵声大笑，吵醒邻居，以致愤怒的诺拉·巴那克尔从窗户里呵斥起来，要他们停止狂欢。他们不会。他们不能。在乔伊斯最富有也是开销最大的那些年，没有任何事情能抑制他高昂的情绪和大笑。在一次这样的夜间吵闹中，诺拉告诉乔伊斯她已经将他的手稿撕了个粉碎，这足以让乔伊斯清醒了过来，他搜遍了整个公寓来寻找手稿。诺拉说，这本书“一无是处”。狂欢痛饮只是故事的一部分，乔伊斯还有鲜为人知的另一面，他会急匆匆地辗转于一份又一份家教工作，应付一个又一个债

① 伊莎贝拉·邓肯（1877—1927）：美国女舞蹈家。

主，这时他不会大笑，也不会微笑，而是像小说家伊塔洛·斯维沃（Italo Svevo）[①]所说的那样，“把自己封闭在与世隔绝的内心里”。

乔伊斯和诺拉之间摩擦不断。作家对于和他们同居的人来说，就是苦难的根源。作家们既是存在的，与此同时又是不存在的。他们存在，是因为你能感受到他们持续不断的好奇心、他们的需求、他们分门别类的思想、他们对窥破他人的渴望，一种越来越多地注入其作品的渴望。当乔伊斯不授课时，他大部分时间都待在一间卧室里，把一只手提箱的盖子垫在腿上当桌子，把街道、店铺、遮篷、谚语、“像德鲁伊特（Druid）[②]一样沉默”的大海、秋千上的情人们和他们影子的重合，写得活灵活现。我们在诺拉和她正在成长的孩子们的照片上，却看不出她有多么快活，看到的是一个不苟言笑、严肃得多的女人。她很想家，却又不想回家。她会对女佣讲述爱尔兰，比如衣服晾在绳子上干得有多么快，然而正如乔伊斯所说，她厌恶她的民族。她越来越像个妻子和母亲，

① 伊塔洛·斯维沃（1861—1928）：原名阿龙·埃托雷·施米茨（Aron Ettore Schmitz），意大利作家和商人。

② 德鲁伊特是古代凯尔特人中有学识者，通常担任祭司、教师和法官。

越来越不像“蓝色的山花”了。乔伊斯在信中不时提到，她情绪紧张，她精神崩溃，她对于头发开始掉落恐惧不已。令人不快的婚姻进入了严冬。

但并不是一切都令人沮丧。乔伊斯的崇拜者在不断增长。随着《一个青年艺术家的画像》现身于英国和美国的一些文学杂志上，他也小小地发了笔意外之财。埃兹拉·庞德（Ezra Pound）[①]对乔伊斯的评价比所有在世的作家都要高，他还自告奋勇地承担了促成《一个青年艺术家的画像》在英国出版的任务。当庞德看了爱德华·加内特（Edward Garnett）[②]给出版商达克沃思（Duckworth）公司写的意见后，他愤怒了，说首要的事情是应该把加内特送到塞尔维亚前线去，以免他再害人，然后他又说他不会把这种唱衰的腔调传播给没有分辨能力的人，更不会告诉乔伊斯本人了。加内特对这本书的描述是“太散乱，太无章法，太无所顾忌，丑陋的事，肮脏的话，都太明目张胆……”庞德说这样的评论是典型的恶毒之言、嫉妒之语，是对文学的玷污，至于出版商提出的要

① 埃兹拉·庞德（1885—1972）：美国诗人、翻译家、评论家，意象派诗歌代表人物，代表作为长诗《诗章》。

② 爱德华·加内特（1868—1937）：英国作家、评论家、文学编辑。

詹姆斯·乔伊斯删改的意见，就相当于“把米罗的断臂维纳斯像塞进尿壶里”。

庞德和叶芝试图从皇家文学基金（Royal Literary Fund）中为乔伊斯争取到一份资助，但没有成功。《小评论》（*Little Review*）的主编哈丽特·维沃尔小姐被乔伊斯作品的“犀利的文风”感动至深，决定在战争持续期间，每三个月从自己的资金里拨出五十英镑，给乔伊斯做津贴。接下来的一笔资助来源要世俗一些，本名伊迪丝·洛克菲勒（Edith Rockefeller）的哈罗德·麦考密克夫人（Mrs. Harold McCormick）是卡尔·古斯塔夫·荣格（Karl Gustav Jung）[①]的信徒，也是苏黎世的艺术赞助人。她赠予了乔伊斯一笔一万两千法郎的资助，每月支付一千法郎。乔伊斯不得不借了一套黑西装去见银行经理，拿到钱的那天晚上，他在酒吧里喝了双倍量的诺斯特拉诺（Nostrano）葡萄酒。

然而天下没有免费的午餐，对乔伊斯来说也是如此，只有维沃尔小姐的资助例外。麦考密克夫人很草率

---

① 卡尔·古斯塔夫·荣格（1875—1961）：瑞士心理学家和精神分析医师，分析心理学的创立者。早年曾与弗洛伊德合作，被弗洛伊德任命为第一届国际精神分析学会的主席。

地中止了她的资助，在回复乔伊斯一封语气怯懦的信时，她也拒绝和乔伊斯会面。像以往一样，乔伊斯认为有朋友出卖了他。他坚信这位叫奥托卡洛·魏斯（Ottocaro Weiss）的朋友可能把他对荣格的厌恶告诉了那位好心的太太，荣格则建议她不要付这笔小钱，让乔伊斯过艰苦的生活可以避免他耽于放纵。对乔伊斯来说不幸的是，麦考密克夫人可不像其他许多大亨那样任性无常。从英国的文友们那里，乔伊斯听说他还可以从国王专用金中领到数百英镑，但如果他能为协约国的事业做些贡献，简而言之，如果他能写些新闻稿，那么国王将会非常感激他。然而他不能，于是取而代之的是，他发起了另一项事业，不仅耽误了他的写作，而且最终还让他染上了“痨病”。他和一位身为演员的朋友克洛德·赛克斯（Claud Sykes），决定组织一个英国剧团，到瑞士的城镇演出。他挑选了爱尔兰剧目——其中有辛格的《海上骑士》（*Riders to the Sea*）（诺拉也参加了演出）和奥斯卡·王尔德的《不可儿戏》（*The Importance of Being Earnest*）——他还身兼多职：剧作家、文学指导、提词员，以及他担任的最鲁莽的职务——商务经理。

没过多久，乔伊斯就和他那些稚气未脱的英国伙伴们发生了争执。乔伊斯厌恶天主教桎梏下的爱尔兰人那种令人压抑的心态，但也同样憎恨英国人的帝国主义思想。亨利·凯尔（Henry Carr）是一名英国退役军人，当时在英国驻瑞士领事馆工作。他在王尔德的剧中扮演了一个小角色，还自掏腰包买了条裤子在演出时穿。作为财务主管的乔伊斯，只付给凯尔相当于主角们一半的报酬，在凯尔要了五张票送朋友后，还要求他付票款。凯尔大骂了乔伊斯，说自己不仅因为报酬低而感到受了侮辱，还指望剧组能付给他裤子钱呢。事情越闹越僵，凯尔指责乔伊斯是“骗子加无赖”，是个躲避兵役的懦夫。乔伊斯也愤怒了。凯尔威胁说要用武力把乔伊斯逐出领事馆。没有别的办法，只能打官司。乔伊斯对英国的愤怒又有了新动力，这也导致他对爱尔兰的感情有所改善。他坚称“爱尔兰的一个别针，都比英国的一篇史诗有价值”。他赞扬起德国的侵略，把每天必看的报纸改成了亲德国的报纸，贬斥英国国王的代表们什么也不懂，像他父亲那样的民众辛辛苦苦，却供养了一群饭桶来照顾乔伊斯他们在海外的利益。他向英国首相劳合·乔治（Lloyd George）发出了求助，但劳合·乔治只是说祝英国演员们演出成功，再没说别的。乔伊斯就这样走上了洛桑

（Lausanne）的法庭，他状告凯尔拖欠票款，凯尔则反诉他要求付裤子钱，乔伊斯还因为凯尔曾在市政厅诽谤他并威胁要攻击他，索要实质性的赔偿。官司打了好几个月，最后凯尔和乔伊斯两败俱伤，当法警来到乔伊斯的公寓征收罚款时，他不得不掏出了钱包里一半的钱，法警还威胁说要没收他的书和打字机。乔伊斯写了一篇合辙押韵的告别词：

> 一个爱尔兰人来到湿冷的苏黎世，
> 他嫌这城市太沉闷就想演一出戏。
> 于是德国的煽动者们气得没办法，
> 但傲慢的英国佬却演砸了奥斯卡。

于是乔伊斯又回到了他那逼仄的卧室，再次与五颜六色的墨水、手提箱盖子、各种口味的酒、对圣母马利亚的崇拜、手淫和炖蛤蜊为伍了。他的眼病也进一步加剧了，他认为这是喀耳刻在报复，因为他把令人不快的事情写进了她的传奇故事。

《尤利西斯》是在三个城市写就的：首先是在乔伊斯战后返回的的里雅斯特，然后是在苏黎世，最后是在巴黎——他在埃兹拉·庞德的建议下来到巴黎，并在那里住了二十年。在创作《尤利西斯》的七年劳苦中，作者曾多次陷入身无分文的困境。乔伊斯写的很多七鳞八爪的文字片断，以及致伊塔洛·斯维沃的一封信，都展示了他忙乱和焦虑交加的心绪。他对斯维沃说，在他妹夫位于四层楼的公寓房中，一件用像是修女肚皮颜色的橡皮带捆好的、大约长九十五厘米宽七十厘米的油布手提箱上，他急需完成“这本婊子养的书”。这本书里有从他灵魂中闪过的“由暗淡的光构成的书写符号”，也有其他匪夷所思的东西，比如他那荒诞的技巧、他那反人性的冷漠、他亵渎神灵的风格、他对人在濒死时身体机能的着迷。这一切都将使他饱受指责，但他反驳说色情在现实人生中是原本存在的。更重要的是，他还会说“衡量一部艺术作品的标准是它所反映的生活的深度”。那么，他的作品深不可测。

塞壬

《尤利西斯》的创作过程，对其作者来说，就像是喷砂的进程，随着乔伊斯不断地发现不同的器官、色彩、技巧和风格，每写一章，他的胆子都要增大几分，最后竟至肆无忌惮到让托马斯·艾略特（T.S. Eliot）[①]说乔伊斯暴露了所有文学风格的无用。这是危险的信号。就连维沃尔小姐都担心了起来，认为乔伊斯开始显现出“某种疲软和散漫”的迹象。她将此归咎于他在财务方面的忧虑。埃兹拉·庞德则要求乔伊斯解释他是如何创作出这样疯狂的文字的。

面对这些指责，深感刺痛的乔伊斯认为自己必须起而辩解。他在进行着全新的探索，他的方法绝非任性胡为。在给他情感上、生计上均依赖的维沃尔小姐的信中，他强调了每个段落都天生有其游移的主题，需要不同的音乐、不同的韵律、不同的风格，试图逃避这点则必会导致反作用。要想使作品被人理解，只能使所有要素都融为一体。乔伊斯承认也许有人希望他不要做这种试验，那就像是有人认为奥德修斯永远不该离开故土，应

① 托马斯·艾略特（1888—1965）：英国诗人、剧作家和文学评论家，对20世纪英美现代派文学和新批评派评论起了开拓作用，代表诗作有《荒原》和获1948年诺贝尔文学奖的《四个四重奏》。

该牢牢地守着伊萨卡岛的岩石，那样哪里还会有那些历险传奇？作为后见之明，他无法克制乔治·利德维尔的暴亡给他带来的自豪。利德维尔是乔伊斯为打《都柏林人》的官司聘请的律师，后来随一众人等相继背叛了他，乔伊斯在《尤利西斯》中把他写成了一个无用的流浪者。利德维尔出现在“塞壬”一章，这是文学作品中所出现的最大胆也可谓最鲁莽的片断。乔伊斯所谓的“赋格曲”是以总督车队驶出凤凰公园（Phoenix Park）开始的，随后集中描写了奥蒙德饭店的酒吧午餐时分的喧嚣——蹄铁声，钢铁零零响，艾多洛勒斯（Idolores）[①]……辚辚，轻快三轮马车辚辚……硬币哐啷啷。时钟嗒嗒嗒……叽叽喳喳，叽叽咕咕，叽哩喳喇。

很难想象首次读到《尤利西斯》的那些读者们的惊骇。对于在《小评论》上安排连载《尤利西斯》的热心的美国编辑希普小姐和安德森小姐来说，这预示着麻烦。玛格丽特·安德森（Margaret Anderson）承认，当她读到“普洛透斯”（*Proteus*）一章的起首数行，斯蒂芬·迪达勒斯漫步在沙丘海岸上，呢喃着“我在这里辨认的是各

① 艾多洛勒斯是莱斯利·斯图尔斯 1899 年所作轻歌剧《弗洛勒多拉》中的漂亮轻浮的女主角。弗洛勒多拉是南海一岛，以所产香料驰名于世。

种事物的标记，鱼的受精卵和海藻，越来越涌近的潮水”时，她放声大哭了。在她一生中，她还从来没读到过如此优美如此高超的语句，她发誓一定要把《尤利西斯》印出来，哪怕是只印几个片断也行。《尤利西斯》在《小评论》上断断续续地连载了三年，突然祸从天降，美国邮政总局下令没收这本“含有猥亵内容”的杂志，并予焚毁。

对我们今天的人来说，《尤利西斯》的第十章是写景状物的高超技艺令人眼花缭乱的展示，是三教九流、形形色色的人物行过都柏林的生动画面有声有色的再现。书中人物的遭遇不时被弦断之声和辛辣讽刺的感叹打断。马车载着爱尔兰总督达德利伯爵和他身穿“发灰的珍珠色和一片淡绿蓝色”制服的随从，穿过了凤凰公园的南大门，越过血泊桥（Bloody Bridge），驶上了北码头。有人向车队敬礼，也有人不敬礼，其中就有一位行人，正用食指抚摩着鼻子，思忖着为了及早抵达菲布斯巴勒街（Phibsborough），是该换三次电车，还是雇一辆马车，还是步行？

我们在后面还将看到处于想入非非状态的格蒂·麦克道维尔，这时探着脖子，想看看总督夫人究竟怎样打扮。另一个女人只看到了一把把撑开来的遮阳伞以及在炫目的阳光下一些旋转着的车轱辘辐条。阳光闪耀着。布莱泽斯·博伊兰脚蹬棕黄色皮鞋，放荡地歪戴着的宽檐草帽，唇间衔着红花，向马车内的三位淑女大胆献出赞美的目光——“他那着了迷的眼睛紧紧追随着她”。他四点钟要和布卢姆太太幽会，但他先窜进了奥蒙德酒吧，和酒吧侍女——塞壬——调了调情，还喝了杯糖浆状野梅红杜松子酒。柜台里是褐色头发的杜丝小姐（Miss Douce）和金色头发的肯尼迪小姐（Miss Kennedy）在待客。她们的头发挽成高髻。穿着两先令九便士一码的黑缎子做的衬衫。

“哎，天哪！男人都是些可怕的傻瓜，你说呢？”杜丝小姐对肯尼迪小姐说。

不久，布卢姆先生进了里屋，一位大概是茶房的秃头帕特（bald Pat）接待了他。劳驾，来份土豆泥和肝汁。布卢姆先生一边准备写一封私密的情书，一边沉思着可悲的人生之旅、时间的流逝等问题。时间一去不复返，想挽回时间就如同用平纹细布兜水。褐发小姐解开了她黑缎子衬衫的纽扣，让别人看她最近到邓恩郡（County Down）的罗斯特雷沃（Rostrevor）度假是否晒黑了。她没有晒黑。金发小姐说兑上硼砂的樱桃月桂水可以让她的皮肤变成褐色。桀骜不驯的斯蒂芬的父亲、老迪达勒斯先生，紧紧地握过杜丝小姐的手，若有所思地把一小撮细丝，她的处女发，她的人鱼发，塞进烟斗里。"非常非常感谢。"利内翰先生（Mr. Lenehan）出了个谜语。狐狸和鹳的谜语。男人们大口地痛饮着美酒。酒吧里没有女顾客。老迪达勒斯掀开了钢琴盖子，听了听用毡子裹住的琴槌敲击出的音响效果。

在餐厅里，深知自己的情敌就在附近不远处的布卢姆先生，掏出了两张奶油色的仿羔皮纸，准备写下他深受爱情折磨的心情。肯尼迪一再撩起她的裙子，让有弹性的袜带弹回到她那包在暖和的长袜里、能够发出声响的女人大腿上，然后又斥责男人们对她放肆无礼。她嘴里哼唱着，酥胸上插的玫瑰起伏着。时钟喀嗒喀嗒地响着。这是地狱的边境。寂静和声响，交替出现。阴影深处的海绿色，一片淡绿蓝色。金色的窗帘遮蔽了阳光。同一时刻，什么事情也没有发生，所有的事情又全都发生了。各种思想的演进，一个哐啷响的现金出纳机，一句"他妈的"，一句未完的话——"他为什么这么匆匆忙忙地就走了开，正当我要？"酒客间漫无目的地交谈和戏谑，但也显示出令人不安的疏离。迪达勒斯先生和秃头帕特私下里议论了布卢姆是否知道海盗博伊兰要去哪里。对一个女人来说，再没有比他更好的了——“她的屁股就像个优质大弹子。”布卢姆的确知道博伊兰要去哪里，他感到痛苦——“我。他。老的。年轻的。”他强迫自己不去想这件事，而让眼前飘过的景象使自己鼓舞起来。只有心胸狭小的人才会嫉妒，只有精神不健康的人才会。干净的桌子，新鲜的花朵，状似主教冠的餐巾，物美价廉——“这才是都柏林最有价值的。”

身材高大的西蒙·迪达勒斯勇敢地站起来，张开双臂，唱起了一首一只帆船在惊涛骇浪中逃亡的歌曲。很快又唱了少女的面纱和两个小小的颤音，以抚慰外界给人带来的痛苦。随后会发生辩论，扔饼干筒，夜晚放烟火，相互争吵，难产，醉酒，忏悔，以及布卢姆太太对令人震颤的、肉欲的爱等等的想入非非的冥思。

在酒吧里，充满音乐的酒吧里，另一个声音，洪亮、饱满、闪光的声音，高唱着《推平头的小伙子》(*Croppy Boy*)，抒发着对受到征服者卑鄙欺骗的叛徒的复仇之心。政治，历史，感情，失落。布卢姆先生在音乐营造的气氛左右下，写完了他的信，他提及了生活中的悲哀，但也希望她能喜欢他“奉上薄礼：价值两先令六便士的邮政汇票”。这样的沉思使他想起了自己夭折的儿子，最终迫使他发出了最痛苦的哭泣：“恨。爱。那些不过是名词而已。鲁迪。我快要老了。”

不久，午餐的喧嚣停息了，酒吧关门进入了午休时间，人们纷纷入睡。博伊兰来到了埃克尔斯街七号，并被请进了摩莉的私室。从不与人对抗的布卢姆先生开始像只山羊一样在街上游荡起来，他遇见了一个年轻的盲人，走路时拐杖嗒嗒嗒地敲击着地面，然后他又遇见一个歪戴着帽子、邋遢不堪的妓女，在她青春最美好的时候，布卢姆先生就认识她。他感到了孤独。

布卢姆先生的作者无疑预想到了风暴即将来临。他的“赋格曲”所引发的躁动还只是指责他滥用文体，但随后名为“瑙西卡”的一章则被视为对美国更多人及美国道德的侮辱。乔伊斯在听说了《小评论》被焚毁的消息后，一向爱开玩笑的他说，如果他在地上被焚烧了两次，那也许能保证他死后到了炼狱时能快些通过。纽约防治罪恶协会的理事长约翰·S. 萨姆纳（John S. Sumner）先生正式提起了诉讼，安德森小姐被召到了格林尼治村（Greenwich Village）的法庭，面对着三名法官和一些好奇的纽约人。一向对乔伊斯以朋友相待的约翰·奎因（John Quinn）担任了辩护律师，但他对女编辑们非常气愤，私下里希望她们的杂志被送往芝加哥的牲畜饲养场化为纸浆。乔伊斯似乎对他的坚定支持者们并不很关心，甚至说希望这桩案子像六十年前的《包法利夫人》案那样臭名远扬。他一向认为“瑙西卡”这一章会惹来麻烦。在写这一章时，他在给弗兰克·巴德根的信里说，“这一章充满着娘娘腔，有时候居然还和内衣相关（真是令人心潮澎湃！），此外还有一些要素，诸如熏香、圣母崇拜、手淫、炖鸟蛤、画家的调色板，等等，等等”。

为了帮助自己研究和理解想入非非的格蒂·麦克道维尔的多愁善感心理，乔伊斯写信给他虔诚的约瑟芬姨妈，请她寄来些中短篇小说和宗教赞美诗集。约瑟芬姨妈一点儿也不知道她起了怎样的煽动教唆作用。和其他各章一样，“瑙西卡”这一章也有一种器官、一门学科、一个象征和一种技巧。其象征是圣母马利亚，场景是海洋之星教堂（Star of the Sea Church）附近，本章好比前进中的后退。技巧是肿胀和消肿，也就是男性生殖器的勃起和疲软。

这是《尤利西斯》中最诱人的一章。格蒂和她的两个少女朋友伊迪（Edy）和西茜（Cissy），来到海边放松并谈一些女孩子之间的话题。西茜带着哭哭闹闹的双胞胎弟弟，伊迪推着在婴儿车里流口水的小弟弟——都是令陷入浪漫幻想的格蒂所讨厌的。从海洋之星教堂传来了连祷的声音——“象牙塔，黄金塔”，那些唱给圣母马利亚的赞美词搅扰了格蒂那荡漾的春心。她的“女人花”撩起了不远处一位绅士“男人花”的幽灵。我们的利奥波德出场了，他像是“蛇盯住猎物般地盯着她”，很快格蒂就意识到，“她唤醒了他心中的魔鬼”。这一分心是令人烦恼的，因为教堂里传来的连祷声，吵闹的孩子们，还有一只飞来飞去的皮球，而格蒂所想要的，就是一点点海风，来驱散她心中的忧郁！不，这还不是格蒂想要的全部。格蒂心中还有无数的念想。她是那种注重外表的女孩，她会服用药物来增强自己的活力，会使用柠檬汁和高级软膏来使自己的手更加白嫩。为了图个新月上升的吉利，当天早晨她曾把头发剪了剪。在她财力所及的范围内，她彻底成了“流行时尚”的奴隶。她穿着亲手染的电光蓝色宽胸罩衫，一向总在手帕兜那儿放一片脱脂棉，上面洒了她心爱的香水，她的内衣分别缀着各色缎带，从洗衣坊里送回来后，她还要亲手染成蓝色、并给烫平。她还对那种叫做“纯真的爱”的东西有着恼人的渴望。那位先生的注视使得她诗情越来越浓，很快她就想象着自己吃着紫罗兰和玫瑰等富有诗意的东西，憧憬着自己成为人妻，娴熟地料理着家务，点火做饭，烹制薄烤饼。

粗俗的词语会令格蒂羞红了脸，这位真正典型的天主教少女，很快就在神秘的陌生人注视下低下了头。孩子们在覆满海藻的岩石间踢着球，那位绅士完全有能力帮着把球踢回去，但他却使球向着格蒂纤细的小腿滚来。格蒂从巧克力色新草帽的帽檐底下瞥了他一眼，看到了一张憔悴而悲戚的脸。教堂敞着的窗口里飘溢出阵阵馨香。随着每一眼贪婪的扫视，神秘的玫瑰变得有点儿不那么神秘了。因为那位先生穿着黑色的衣服，格蒂猜想他正处于深切的悲痛中，也许他的妻子刚刚去世或者进了疯人院。急于想和那个陌生人建立关系的西茜，迈着她那雄鹅般的大步，跑过去问他时间。他的表却停了。他的表停了是因为作者想以这种方式提醒我们，利奥波德·布卢姆努力想忘掉他妻子的情人被请进埃克尔斯街七号他的家的那一刻，转而想与优雅端庄的格蒂发生互动。

布卢姆和格蒂彼此有多近，或者多远，我们永远不知道。这全都要从他们的心理和言词揣摩。圆满是通过一系列的文学手法达到的。格蒂来回摇摆着腿，凝视着附近市场上空的焰火，感到自己贴着胸衣的肉在发热。随着罗马蜡烛在天上炸开，格蒂拼命地向后仰着身子，她脸上洋溢出一片神圣而迷人的红晕，让那绅士看她的的印度薄棉布裤衩。这对秘密的情人达到了高潮。格蒂四肢发颤，恨不得抽抽搭搭地对他喊叫，朝他伸出那双雪白、细溜的双臂，但她不敢。对布卢姆来说，这并没有那么微妙——“蹿上去时像火箭，下来时像棍子”。

很快布卢姆，“他是何等地残忍啊”，默默地请求宽恕，示意格蒂不要倾吐出来，一千个不。这是他们的秘密。当她走开时，他注意到她是个瘸子，有些替她遗憾。

他怀疑她是否会因为经期将近而益发激动，继而又估量着那天晚上都柏林城里会有多少女人经期来临。然后他的思绪又飘到了城里有多少发疯的处女，以及被禁锢在各个修道院里的修女们怎样相互咬牙切齿，对她们自己得不到的东西说着尖刻的话语。他小心翼翼地动手整理了他那湿了的衬衫，感到自己的皮肤凉冰冰黏糊糊的。他又想，女人们如果要说话，会说些什么呢？最好是她们什么也别说。他又想起那天晚上在米思街遇到的那个妓女，他叫她把所有的脏话都说遍了。他既感到兴奋又感到沮丧。他临走时，心想格蒂明天还会不会再来，他们两人会不会都来，像杀人犯那样。他用木棍轻轻地搅和着脚下的厚沙，想为她写下一句话，但又知道明天早晨就会有个拖着脚步走路的人把它踏平。短暂的激情消逝了。他扔掉了那截木棍，他的“水笔”，使它戳到了“沉积的泥沙”里。

在格林尼治村的法庭上，约翰·奎因请来了三位文化界的耆宿——一位编辑、一位戏剧协会成员和作家约翰·库珀·波伊斯(John Cowper Powys)出庭作证，证明《尤利西斯》是一部优美的作品，肯定不会腐蚀少女。戏剧协会的穆勒先生（Mr. Moeller）很不明智地试图将《尤利西斯》的重要性与西格蒙德·弗洛伊德（Sigmund Freud）的创新性著作相比拟。当萨姆纳先生挑出了一些有争议的段落要求朗读时，一名法官竟声称出于礼貌请安德森小姐退庭。他似乎忘记了正是安德森小姐出版了这些读物，或者像安德森小姐雇用的塞尔维亚印制商一样，以为她根本读不懂这本“天书”。另外两名法官发现这些段落实在是令人费解，要求休庭一星期，以召集全体法官阅读完整的一章。重新开庭后，辩论的火药味浓烈了起来。约翰·奎因辩称格蒂露出内裤，并不比纽约第五大道那些穿着暴露的模特们更伤风败俗。控方律师变得易怒起来，奎因抓住了这一点，说这恰好清楚地证明了《尤利西斯》并不腐化，不能使人充满性冲动。实际上他的辩词效果适得其反，使得控方义愤填膺。他的计策逗得法官们大笑起来，但编辑们还是被判有罪，每人罚款五十英镑，并禁止再连载或出版《尤利西斯》。

对乔伊斯来说，这是《都柏林人》被娩劫难的再现。纽约曾有多位出版商对这本书表示过兴趣，这时都不打算再出版了，因为怕惹上官司。乔伊斯绝望地说："我的书将永无天日了。"

比奇小姐

然而就乔伊斯的艺术而言，他总能遇到贵人。这回等待出手的是西尔维娅·比奇，一位聪明伶俐、活泼大方的年轻女子。她来自美国的巴尔的摩（Baltimore），在充满放荡不羁的艺术气息的巴黎如鱼得水。她开了一家书店，叫莎士比亚书屋（Shakespeare & Company）。她的店既是沙龙、邮局、外借书籍的图书馆，也是一大帮美国作家的救急银行。但是她的文学银河一直心仪的却是乔伊斯。

比奇小姐和乔伊斯神话般的邂逅故事，已被一遍又一遍地快讲滥了。据说乔伊斯穿着网球鞋和旧夹克，出席了一个社交聚会，但冷漠超然地离群独立着。比奇小姐走到他身边，说道："这位就是伟大的詹姆斯·乔伊斯吗？""詹姆斯·乔伊斯。"他回答道。比奇小姐递上了名片，但乔伊斯的视力实在太差，不得不走到窗边去看。当一直保持着迷信本性的乔伊斯看到"莎士比亚"的字样时，感到很高兴，认为是个好兆头。一年后，乔伊斯去拜访了比奇小姐，听她提一个酝酿已久的建议。她是否可以承蒙允许，荣幸地出版《尤利西斯》？乔伊斯简直不敢相信自己的耳朵。尽管他已经小有名气了，他当时仍然住在一幢老旧的公寓里，没有电，没有浴缸，只有几只破碟子。然而却有一位女士向他保证，她可以找到足够多的预约者，其中一部分还是重要人物，使《尤利西斯》横空出世。比奇小姐已经确定了印制商，是第戎（Dijon）的一位能干的先生，叫莫里斯·达朗蒂埃（Maurice Darantiere）。她是通过她的合伙人阿德里安娜·莫尼耶（Adrienne Monnier）认识他的。莫尼耶也开着一家书店。比奇小姐提议他们印一千册，其中一百册用荷兰纸，一百五十册用豪华精装纸，其余七百五十册用亚麻布纸。她将把净利润的百分之六十六付给作者。

无论比奇小姐还是达朗蒂埃先生，都没有想到他们面临的工作将有多麻烦，因为他们都不了解詹姆斯·乔伊斯。乔伊斯手头只有一本复写的《尤利西斯》手稿，上面没有他在以连载形式已经发表的各种版本上所做的修改。当他凭着记忆着手再进行修改时，他增加的内容实在太多了，在那段并不算长的时间里，他竟令人目不暇接地将全书扩充了三分之一。而且他修改的字迹密密麻麻，像蜘蛛网一样，令人几乎无法辨认。他对纸张、装订和排版字体的要求也是极其固执的。狂热的工作和修改，使得打字员非常难找，又不断流失。乔伊斯处于一种“干劲十足的虚脱状态”，连累得他的部分帮手也是如此。不少人为看到的稿件所震惊，打了退堂鼓。有一位哈里森太太和她的英国丈夫为此书发生了冲突。那位丈夫对读到的内容感到极度愤慨，竟把手稿扔进了火中。对于乔伊斯这位耶稣，哈里森太太成了又一位维罗尼卡（Veronica）[①]，她勇敢地将手稿抢救了出来，但还是有一小部分烧毁了。损失的这部分文字，不得不向纽约的约翰·奎因索取。无论乔伊斯到哪里，他都会招致骚乱。他仍然不断地给朋友们写信，为他创作车夫、水手等角色并完成最后一章，向他们“取经”。他说这最后一章体现了他“最神秘的构想”。

乔伊斯坚持要五份校样，频繁在上面修改，改过的校样上布满星号和画线，可谓遍体鳞伤，不堪其苦的印制商威胁要撂挑子，因为这些天书般的文字及其带来的身体上和心理上的折磨，快要把他逼疯了！但比奇小姐自始至终保持着乐观和自信。她的店外飘扬着希腊国旗，提醒着过往的人们，一部伟大的杰作就要问世。这无疑是她春风得意的时光，这部虽然没几个人读过，却已经名气四海的巨著即将由她出版，并在她的书店里展示。

① 传说耶稣背负十字架走向刑场途中，圣女维罗尼卡曾以手帕为耶稣擦汗。

她在奥代翁街（rue de l'Odéon）七号莫尼耶小姐的书店里召集了一个“有关人士会议”，法国文学评论家瓦莱里·拉尔博（Valéry Larbaud）论述了乔伊斯革命性的文学技巧——“意识流”。

乔伊斯希望封面的底色是希腊国旗的那种深蓝色，但为了寻找到能充分地呈现出那种蓝色效果的纸张，达朗蒂埃先生不得不走遍了德国和荷兰，然后将样品提交给作者。乔伊斯认为封面的蓝底白字，没有显示出白色的岛屿散布在蔚蓝的大海上的那种神奇的冲击力。

与此同时，比奇小姐征集着预约者，其中包括海明威、温斯顿·丘吉尔、安德烈·纪德（André Gide）①、一位英国圣公会大主教、几位法国学者，但没有萧伯纳。萧伯纳拒绝预约，他说书中对爱尔兰的描写极其准确，但却令人厌恶，他愿意强迫每个爱尔兰男人都读这本书，但认为这样做的代价也实在太大。此后，他又多次对《尤利西斯》横加指责，说无疑比奇小姐作为一个走火入魔的年轻野蛮人，会视这本书为艺术，但它实际上就是都

① 安德烈·纪德（1869—1951）：法国作家，曾一度宣称信仰共产主义，作品多反映寻求自我和道德的矛盾，主要作品有《背德者》、《梵蒂冈的地窖》、《伪币制造者》等，获1947年诺贝尔文学奖。

柏林生活的一个剖面。

乔伊斯夜以继日地工作，但与此同时也拒绝着印制商的烦扰。印制商很快就领略了这个在自己的领地里已经登堂入室的爱尔兰人的疯狂。当前面的章节都经过了千辛万苦，估计已经印好时，乔伊斯还在撰写着最后一章——“珀涅罗珀”。他频繁地叨扰着他的约瑟芬姨妈，询问都柏林以往的人情世故、各种详尽的地理状况，以及关于某个少校的所有精彩事迹。乔伊斯把他当作了摩莉·布卢姆的父亲的原型。

向来迷信的乔伊斯希望《尤利西斯》能在他四十岁生日那天出版。于是达朗蒂埃设法将两本样书送到了当天从第戎开往巴黎的特快列车的乘务员手中。比奇小姐于早七点在车站迎来了那班列车后，径直将她的成果送到了乔伊斯的住处。乔伊斯将其中一本留给了自己，但一向霸道的诺拉却坚持把它卖给了当天来访的一名都柏林人阿瑟·鲍威尔（Arthur Power）。另一本样书在比奇小姐书店的一个玻璃橱柜里展出了，人们像出席宗教仪式一样，纷纷前来观瞻。当晚在一个意大利餐厅里，乔伊斯又得到了样书，在人们的百般劝诱下，他撕开包装，将书展示给客人们。两个不明就里的服务员说这是“一部诗集”，还郑重地把书拿到餐厅老板那里，请他祝福。

《尤利西斯》终于面世了，其胎盘形成可远比“太阳神的牛”那一章中难产的麦娜·普里福伊夫人的“淘气宝宝”时间更长流血更多。

名声

乔伊斯每天都到比奇小姐的书店，抚摩着订购者的名单，了解新的订购者，他还亲自为邮寄书打包，并提出了许多异想天开却不切实际的广告计划。他对各种预兆和印刷的瑕疵都非常敏感。在路上看见只老鼠都能把他吓昏。正如比奇小姐后来所说的，她的店完全在为詹姆斯·乔伊斯和《尤利西斯》服务了。阿瑟·鲍威尔说，西尔维娅·比奇为了乔伊斯，情愿把自己钉上十字架，只要事情能做给许多人看。身在英国的维沃尔小姐也承受了大量的要求。要给众多书评家寄书，给有影响的人物寄书，给爱丁堡图书馆寄书，给牛津大学图书馆寄书，给大英博物馆寄书。然而很多书评迟迟收不到，乔伊斯感觉到了有些人的抵触。正如预期，《尤利西斯》既受到了齐声的称赞，也遭到了猛烈的批判。

米德尔顿·默里（Middleton Murry）①赞扬《尤利西斯》是天才之人在半疯狂状态下的爆发，乔伊斯给他写了一封热情诚挚的信，同样收到这样的信的还有阿诺德·本涅特（Arnold Bennett）②，他认为“珀涅罗珀”一章实在是杰

---

① 米德尔顿·默里（1889—1957）：英国作家，文学评论家。

② 阿诺德·本涅特（1867—1931年）：英国作家，文学评论家。写过许多以家乡五座工业城镇，即“五镇”为背景的小说，主要作品有《五镇的安娜》、《老妇人的故事》、《克莱汉格》等。

作。乔伊斯还建议维沃尔小姐敦促一下托马斯·艾略特，在《泰晤士报·文学副刊》(*Times Literary Supplement*)上给他写一篇书评。所有作家在一件作品完成后，会不顾颜面地诉诸的扩大影响的手法，乔伊斯都采用了。回顾起来，这其实对作家的声誉是有害的，但却是人之常情。沙恩·莱斯利（Shane Leslie）[①]曾说"《尤利西斯》在人类思想和历史上的地位还没有得到充分认识"，乔伊斯听说这话后，当即请求他将这话广为传播。

乔伊斯的近亲们的反应深深地伤害了他。他也许不经意地说过这是"一本令人厌烦的书"，甚至承认过用买这本书的钱去买一磅排骨也许更明智，但对这本书的哪怕一点点贬损都会令他勃然大怒。沙姆沙（Samsa）家族发现卡夫卡（Kafka）在《变形记》(*Metamorphosis*）中把他们的儿子格雷戈尔（Gregor）变成了令人作呕的昆虫后，对《变形记》表示了极大的厌恶，而乔伊斯曾频频求助，索要这样那样的资料的约瑟芬姨妈，对《尤利西斯》也表示了同样的厌恶。她先是拿它压了箱底儿，随后认为它实在是大逆不道，又借给了别人。乔伊斯以极其不

① 沙恩·莱斯利（1885—1971)：爱尔兰出生的英国外交官，作家。

逊的语气斥责了她。说难道她没看出来，这本书在若干年后能值一百几尼吗？约瑟芬的女儿凯瑟琳（Kathleen）多年后见到乔伊斯时，说她母亲认为这本书不适合阅读，乔伊斯悲伤地回答，如果《尤利西斯》不适合阅读，那么生活就不适合过。乔伊斯的父亲透过单片眼镜看了几段后，说他儿子还算是个“不错的恶棍”。然而最刻薄的伤害还是来自诺拉。如乔伊斯尖刻地指出的，连带扉页在内，她总共只读了二十七页。乔伊斯给了诺拉一个带勘误表的新版本，里面印刷错误很少，然而对诺拉却毫无刺激。据我们所知，诺拉只读在火车站书报亭里买的言情小说，或者乔伊斯在做爱的日子给她的扎赫尔－马佐赫（Sacher-Masoch）[①]的小说的片断。多年后，诺拉又一次带着孩子们回了戈尔韦，这回更坚定地要离开乔伊斯。乔伊斯给她写了一封又温柔又悲伤的信，信里称她为亲爱的女王，乞求她多少读一下“那本伤透了他胸口里那颗心的倒霉的书”。这本书也许的确伤了乔伊斯的心。但是也有其他的伤心人。有一个美国人医生约瑟夫·科林斯（Joseph Collins），通过一位共同的朋友认识了乔伊斯，

① 扎赫尔—马佐赫（1836—1895）：奥地利小说家，著有长篇小说《穿皮大衣的维纳斯》、《该隐的遗愿》等，有些作品中描写了性受虐狂。

他说在他的病历里有精神病人写的文字，和《尤利西斯》一样地好，他随之提出要对乔伊斯头脑的变质作个医学解释。

斯坦尼斯劳斯的赞扬也不够热情，他一向对那位专制任性的天才哥哥心怀不满，因此他的反应没什么可奇怪的。但他那小小的吹毛求疵却并不在理。他说这本书“既缺乏热情又缺乏冷静”，这就好比要求龙卷风起到暖床盆的作用。至于“意识流”，斯坦尼斯劳斯也表达了自己的意见——“不过是些迂腐的老调而已”。像许多其他人一样，“珀涅罗珀”一章尤其令他反感。丽贝卡·韦斯特（Rebecca West）[1]撰文说乔伊斯“矫情”，弗吉尼亚·伍尔夫（Virginia Woolf）[2]则说《尤利西斯》“下流”，就像是“一个大学生令人作呕地抠他的青春痘”。托马斯·艾略特尽管对《尤利西斯》有所钦佩，但也对其大胆放肆感到难堪，站在自己的立场上打算，他宁愿自己没读过这部小说。有谁能超越《尤利西斯》的文学成就吗？在

---

① 丽贝卡·韦斯特（1892—1983）：英国女小说家、评论家，著有长篇小说《士兵归来》、《法官》等。

② 弗吉尼亚·伍尔夫（1882—1941）：英国女小说家、评论家，主张淡化情节，运用内心独白和意识流手法写作，著有长篇小说《海浪》、《黛洛维夫人》等。

"太阳神的牛"一章中，对性交的描写之多，是与其融合的不同文学风格之多相匹配的。乔伊斯杂糅了弥尔顿（Milton）[①]、托马斯·布朗爵士（Sir Thomas Browne）[②]、理查德·伯顿（Richard Burton）[③]、班扬（Bunyan）[④]、斯梯尔（Steele）[⑤]、艾迪生（Addison）[⑥]、兰多（Landor）[⑦]、佩特（Pater）[⑧]和纽曼红衣主教的语言风格，又掺进了黑人英语、伦敦方言、爱尔兰英语和酒馆里的粗话，形成了一种大杂烩式的英语。艾略特私下里曾说，这本书对人性并无洞见，只是令人眼花缭乱地呈现了众多文学风格，

---

① 弥尔顿（1608—1674）：英国诗人，对18世纪的诗人产生了深刻影响。主要作品有《失乐园》、《复乐园》、《力士参孙》等。

② 托马斯·布朗爵士（1605—1682）：英国医师、作家，把科学和宗教融为一体，代表作有《一个医生的宗教信仰》等。

③ 理查德·伯顿（1821—1890）：英国探险家、作家，多次到亚非探险，发现非洲坦噶尼喀湖，翻译全本《一千零一夜》。

④ 班扬（1628—1688）：英国散文作家、清教徒牧师，代表作为《天路历程》。

⑤ 斯梯尔（1672—1729）：英国散文家、评论家、剧作家，以与艾迪生先后合办《闲谈者》和《旁观者》两杂志并为其主要撰稿人而闻名。著有喜剧《葬礼》、《自觉的情人》等。

⑥ 艾迪生（1672—1719）：英国散文作家、剧作家、诗人，英国期刊文学创始人之一，曾与斯梯尔合办《闲谈者》和《旁观者》杂志，著有悲剧《卡托》、诗歌《战役》等。

⑦ 兰多（1775—1864）：英国诗人、散文家，精通希腊罗马文学，曾用拉丁文写作，代表作有多卷本散文著作《想象的对话》等。

⑧ 佩特（1839—1894）：英国文艺批评家、散文作家，主张为"艺术而艺术"，主要著作有《文艺复兴史研究》和小说《伊壁鸠鲁信徒马利乌斯》等。

也谈不上是意识流的海洋。而乔伊斯的同胞作家乔治·穆尔（George Moore）[①]则说《尤利西斯》是“都柏林码头”上出来的作品，其作者是一个退化了的左拉（Zola）[②]。叶芝肯定了乔伊斯的天才，写信给他说都柏林有许多他的崇拜者。

乔伊斯就像是处于一个战事不断但却胜势已定的前哨阵地，他说他的技巧是否“真实”已经无关紧要了，这些技巧起的不过是桥梁作用，让他的十八章通过而已，现在他的部队已经过完了，他的敌人们就是把桥梁炸上天去，他也毫不在乎了。

乔伊斯的名声甚至在那些没读过他的作品的人们当中也传开了。他的照片上了《时代》（*Time*）周刊的封面，提醒了那些因为他的书所带来的羞辱而伤心的爱尔兰家人们，他们开始考虑起何时能得到他的报偿了。他在不断地交着新朋友，但也不断地失去老朋友。

---

① 乔治·穆尔（1852—1933）：爱尔兰小说家，将自然主义小说笔法引入英国文学，主要作品有小说《埃斯特·沃斯特》、自传体小说《欢呼与告别》三部曲等。
② 左拉（1840—1902）：法国作家，自然主义文学的代表，主要作品有系列长篇小说《卢贡玛加尔家族》二十部，包括《小酒店》、《萌芽》、《金钱》等。

正如里尔克（Rilke）[1] 所说，名声是围绕着一个人的名字所能发生的所有错误中的典范。有关乔伊斯的流言开始传播开来。比如说他是个不愿与人来往的人，是个可卡因瘾君子，是公爵夫人们的“傲慢的仆人”，是布尔什维克的宣传家、是第一次世界大战中的奥地利间谍，《尤利西斯》就是英国情报机关的密码；还有人说乔伊斯每天清晨都在塞纳河里游泳，他在自己的周围布满了镜子，他在床上戴黑手套，等等，等等。没有人提及他下的两万小时的苦功，他的关节炎，他眼睛里布满的血丝和消耗的脑细胞，他不得不使用炭棒和不同颜色的墨水，才能看清自己写下的东西。他时常在晚上外出时，费力地数协和广场（Place de la Concorde）上灯的数量，来测试自己微弱的视力。他始终坚信一个怀疑：他将自己的眼疾归咎于多年前的一个夜晚，他在皮兰（Pirano）喝过酒后跌进了一个排水沟，也是在那次，他相信自己患了关节炎。

随着《尤利西斯》的出版，各种令他精神涣散、心神不宁的事情也接踵而来：游说、哄骗，苛刻的书评带来的痛苦、求人写赞扬评论的烦恼。他曾就如何在书评中

① 里尔克（1875—1926）：奥地利诗人，生于布拉格，对西方现代文学有巨大影响，著名诗作有《祈祷书》、《杜伊诺之歌》和《献给俄尔甫斯的十四行诗》等。

措词向诗人罗伯特·麦卡蒙（Robert McAlmon）提出过建议，但麦卡蒙已经厌倦了为别人唱赞歌，想实现自己的雄心，打算写一部回忆录——《与天才们为伍》（*Being Geniuses Together*）。

乔伊斯在给弗兰克·巴德根和其他人写信时，语气更加严厉，评论也越发淫荡，已经达到了令人无法忍受的程度。有一封写给巴德根的信，他口无遮拦得实在过分，自己都后悔了。他决心收回那封信，于是邀请巴德根来巴黎，并带上那封令人不快的信。晚上，俩人一起出去寻欢作乐，乔伊斯抢先把他的朋友灌醉了，然后把巴德根送到了汽车站。第二天巴德根的钱包被别人送到了旅馆里，那封留有把柄的信却不见了。他们的友谊再也无法回到从前了。

名声改变了乔伊斯。他在书中要说的话，却是他在生活中要隐藏的。当一名饮酒的伙伴提议"为罪过干杯"时，乔伊斯反驳说："这酒我不喝。"诺拉和他已经不再是狂热的情侣，他说他们是"傻人有傻福气"。斯坦尼斯劳斯到巴黎看望过他后，发现他"钱太多了，吃得也太多了"，还说他喝酒也太多了，饶舌也太多了。诺拉确保他穿得也比以前好多了——天鹅绒的西服便装，打着真丝领带。他还用蛇皮手杖替代了梣木手杖。旧的外衣和背心全都抛弃了。围在他身边的人都是为他效劳的，需要看他的脸色行事。

乔伊斯本可以变得更高傲更冷漠，但他不是个甘于孤寂的人。阿瑟·鲍威尔说乔伊斯是个人来疯，越是在喧闹的地方他的状态就越好。他需要四周有人围着。乔伊斯不像当时也在巴黎写作的另一位天才作家马塞尔·普鲁斯特，他要远离墓地。在社交聚会上，借着酒兴，他会记起与他同日出生的同胞作家詹姆斯·斯蒂芬斯（James Stephens）的劝告："及时行乐，直到至乐。"他会唱起一首他喜欢的歌："噢，那些棕色和黄色的琼浆玉液。"他小时候曾经在《爱尔兰家园报》上学到过一个经过美化的版本，但他后来又找到了一个更淫秽的版本，讲述了一个水性杨花的女人给丈夫"戴上了绿帽子"的故事——丈夫和新婚妻子走在路上，被一个陌生人拦住，要求借妻子用一天零一小时，丈夫同意了，最终却因为妻子的淫荡羞愧而死。乔伊斯唱得很美，声音中饱含感情。他在每个音符后都会停顿一下，让听众们认为这就是充满"温柔、忧郁和痛苦"的"纯正的爱尔兰音乐"。在这样的场合，他的死板和腼腆就都不见了，正如美国诗人阿奇博尔德·麦克利什（Archibald MacLeish）所说的，他"为某种冒险精神支配着，表现得生动活泼”。为他做眼睛手术的博尔施大夫，则有不同的说法。他说乔伊斯“是个奇怪的家伙，但的确是个大人物”。

乔伊斯的生活中，不能没有出游和别人的赞赏。与世隔绝对他来说是不可忍受的。很多大作家随着内心的灵感似乎越来越像是要荒废，选择了从生活中退隐，乔伊斯却是个例外。他内心的放逐感是如此彻底，别人的打扰根本不可能危及，只有时间会带来危险。于是他开始写作他的“黑暗之书”——《芬尼根的守灵夜》。在这本书里，人不仅仅是人，而且是河流、灌木、土丘，是无穷无尽的爱尔兰神话人物的化身，有时还会成为人类的渴望、人类的冲动的化身。“他那不断突破的头脑里不停地酝酿着”新的词语、变幻不定的词语。

约瑟夫·康拉德（Joseph Conrad）[①]曾给一位正处于悲伤中的姑姑写信，说：“一旦你彻底了解了孤独，孤独也就不再可怕了。”对于读者而言，康拉德说得不错，但对于乔伊斯而言，孤独则意味着疯人院。乔伊斯怕狗和打雷，这对我们来说不是秘密，他害怕疯狂的行为，这

① 约瑟夫·康拉德（1857—1924）：英国小说家，当过水手、船长，作品多描写其航海生活经历。代表作有《水仙号上的黑家伙》、《黑暗的中心》等。

点他既承认又否认，然而他对孤独的恐惧，却是他谨守的秘密。他的家庭是帮助他抵御孤独的一道防波堤，此外还有饮酒。他先是疏离了自己的祖国，既而疏离了整个世界，为了忍受孤独，他不得不使自己奔忙起来。访问他的人总是要看着他的情绪，看他是否微笑，来掂量自己的行为。诺拉会陪客人坐一会儿，不仅是在乔伊斯现身前为客人端茶倒水，而且因为乔伊斯的视力微弱也给会见增添了拘谨感。他首先需要通过声音辨认出客人，然后才会在窗边他习惯的位置上就座。头半个小时的气氛总有些沉闷，谈话非常呆板，甚至维沃尔小姐前来保证继续资助他——她或许是大老远从英国赶来的——谈话的气氛都显得很拘谨。这不仅仅是因为乔伊斯的形象在人们心目中已经太过高大，而且因为他已经与其他人产生了距离。与巴黎相比，都柏林才是他心中的美景，但巴黎是他感到“最便利的城市”，他发现那里的人们都支持他，愿意为他效劳。据说当他走进一家饭店时，会有人亲切地跳起来，对他唱“通向蒂珀雷里（Tipperary）[①] 的路很漫长”。与有益于身心健康的外出旅游相反的是，乔

① 蒂珀雷里：爱尔兰南部的一个郡，有很多美丽的城堡，是著名旅游胜地。

伊斯的家庭生活多少有些凑合。博尔施大夫的一名学生曾有一次被请到乔伊斯家里出急诊，他看到乔伊斯像个瑜伽师一样裹着张毛毯蹲在地上，他的妻子蹲在他对面，一副炖鸡的骨头架子和一个空葡萄酒瓶表明他们已经用过餐。乔伊斯的孩子们那时已经将近二十岁了，仍然被他们的天才父亲使唤着。当时乔伊斯满门心思都在他的书的命运上，完全无视孩子们的需求。乔治亚被打发到巴黎的各个书店去，看看《尤利西斯》的第二版卖得怎么样。后来他尝试过许多职业，但都畏缩不前，随着人生的流逝，他感慨地说，假如他是个“屠夫的儿子”，也许反倒更好。

作家为了创作，都要变成这样的魔鬼吗？我认为的确如此。与语言搏斗，捕捉人类的生活状况，使他们变得更加冷酷无情，与此同时他们也决绝了被他们描写得如此精彩的人的特性，这真是个矛盾。他们可以不承担任何外部责任，不受任何外部事物打扰，只专注于源源不断的内心冲动，通过捕捉韵律、节奏、引人注目的特点等，努力营造出既美丽又质朴的生动的瞬间。对乔伊斯来说，人们变得越来越遥远，最终都成了幽灵。并非只有他这样。福楼拜的母亲也曾认为，对词语的热爱使得她儿子的心变得刚硬起来。所有见过乔伊斯的人都认为，尽管他可以很幽默，但他缺乏温情。诺拉曾抱怨日子简直没法过，既要照顾一个精神失常的女儿，又要整天陪艺术家们枯坐着，“真是烦透了”。她断定：“男人只是一帮围着你屁股转的东西。”

乔伊斯幸运的是能够找到退隐的地方，能够回到这样一个小天地：有诺拉准备晚饭，或者更经常地，全家一起盛装外出就餐，诺拉提醒他脱掉“那倒霉的夹克”。他比 20 世纪的许多其他作家都要幸运。比如说奥西普·曼德尔施塔姆（Osip Mandelstam），他对词语的痴迷和受其奴役，经常使我想起乔伊斯。像许多杰出的俄罗斯诗人一样，曼德尔施塔姆最终是在集中营里结束了生命，是他那璀璨的诗歌给他招致了死亡。乔伊斯的苦恼则不同。过度劳累的迹象开始显现出来。他因为关节炎接受了激素疗法，他不得不拔掉了所有的牙，全部换上了永久性的假牙。他的视力不断恶化，只剩下了正常视力的七分之一。他的眼睛起初接受的是乙基吗啡治疗，但很快情况就清楚了，他必须动手术。

乔伊斯和比奇小姐的关系变得冷淡起来。具有讽刺意味的是，居然是因为《尤利西斯》。比奇小姐写信告诉乔伊斯，因为出了《尤利西斯》的第二版，她有了被送上法国法庭的危险，因为她盗印了部分第一版进行销售。结果愤怒的销售商、愤怒的发行商，还有愤怒的藏书家们，都在威胁她。这是他们之间的第一起龃龉，但预示着更大的冲突。乔伊斯继续将比奇小姐当作秘书和宣传员利用，他和诺拉都仍然认为他们可以从比奇小姐的柜上预支未来的版税。是比奇小姐当时的情人阿德里安娜·莫尼耶给乔伊斯写了信，告诉了他一个比奇小姐思考已久的问题。比奇小姐，他的“所有工作都要做的女仆”，一直在受到他的剥削。他们被欺骗利用，他们忙得团团转，而莎士比亚书屋的存在仅仅是为了使詹姆斯·乔伊斯得益。很遗憾，那些认为乔伊斯淡泊名利的人都错了，比奇小姐可以证明这一点。乔伊斯秉持了自己爱装糊涂的本性，没有加入争吵。他说最好的办法永远是自己不行动，也不要假装清高，更不要在幕后操纵。

“我和别人交朋友总是有目的的。”乔伊斯曾经这样说，但和比奇小姐交朋友的目的性已经大大减弱了。乔伊斯将用另一名助手来替换她。他发现文静的维沃尔小姐是位更加慷慨、更加安详也更加坚定的朋友。就在他与比奇小姐的关系最为疏远时，他甚至写信给比奇小姐，说维沃尔小姐给了他一份“很厚的大礼，额外的一万两千英镑”，她听说后无疑会很高兴——他以这样唐突的方式宣告她被废黜了。

维沃尔小姐

维沃尔小姐的父母都是虔诚的英国圣公会教徒。她对《一个青年艺术家的画像》在《唯我主义者》(*The Egoist*)杂志上连载，起了关键作用。《唯我主义者》是个先锋性杂志，是维沃尔小姐和别人共同主编的。她初次接近乔伊斯时，还带着灰姑娘般的犹疑。她从她那并不算多的资金里，每月固定抽出一部分资助乔伊斯，并选择匿名，通过一个律师事务所来办理此事。乔伊斯和诺拉非常热切地想知道这位神仙教母到底是什么人。乔伊斯猜测肯定是个女人，因为资助者是被他“犀利的文风”所感动的。当秘密揭开后，维沃尔小姐为让他尴尬而道了歉。乔伊斯的奢侈，他的酗酒，他像克罗伊斯(Croesus)[①]一样贪得无厌，当时已露端倪，但维沃尔小姐虽然看出了他的不良习惯，却仍然没有回头。她是乔伊斯的救星。一直有人说她的资助给了乔伊斯写一本莫名其妙的书的自由，她却对这些小小的吹毛求疵始终充耳不闻。她忍受着律师们的愤怒，他们不理解她为何如此鲁莽；她也忍受着朋友们的嘲讽，他们怀疑她太过放纵。多年来她一直精打细算地使用着自己的资金，过

① 克罗伊斯(公元前560—前546)：吕底亚末代国王，敛财成巨富，因挥霍无度被波斯灭亡，被俘后在波斯宫廷供职。

着极其俭朴的生活，甚至担心自己不得不卖掉房子来继续支持乔伊斯。英国历史上的确有众多勇敢无畏的女性，因为尊重某项“事业”而不惜冒生命危险，维沃尔小姐认为她的事业就寄托在这个名叫詹姆斯·奥古斯丁·阿洛伊修斯·乔伊斯的人身上。她爱他，这是无疑的，这一点从来没有说破，也是很不寻常的。每当她从这位或那位故去的亲戚那里得到一笔小小的抚恤金时，她都急急忙忙地送给乔伊斯使用。当乔伊斯从巴黎写信来，表示担心生活会日益窘迫时，她情愿跨过英吉利海峡去向他保证她会继续资助。她眼看着乔伊斯一瓶接一瓶地痛饮葡萄酒，慷慨地付小费，出入打的士而她本人却挤公交车，竟没有丝毫幻想破灭的感觉。有一次他们一起去托基(Torquay)[①]，乔伊斯和诺拉住进了帝国饭店(Imperial Hotel)，他安排经理给他的资助人一个优惠价。他感觉自己就是她生命中的骑士。

维沃尔小姐究竟资助了乔伊斯多少钱，人们作了各种各样的估计，据认为用今天的货币计算，相当于近一百万美元。她什么回报也没有要。这不同于西尔维

① 托基：英格兰西南部原德文郡南部城市，1968年与托贝合并。

娅·比奇，她想分享乔伊斯的荣耀；也不同于傲慢的哈罗德·麦考密克夫人（伊迪丝·洛克菲勒），她先是发了善心，但很快就对自己的博爱厌倦了。文静、谦逊的未婚女子维沃尔小姐，生来就是为自称“困惑的、受挫的、沮丧的、灰心的”男人乔伊斯排忧解难的。她资助他，最初的意图只是让他能有个喘息之机，能完成他的写作，但很快她的角色就扩展了，要帮助解决他的生活开销，解决他妻子的生活开销，满足他孩子们的需求，解决他们看病的费用，解决他巨额的眼睛手术费用，解决他在巴黎住旅馆的费用，解决他度假时住更豪华的旅馆的费用。

他们的关系主要是靠通信维系的，当他们见面时，却始终保持着繁文缛节般的礼貌——他称她为维沃尔小姐，她称他为乔伊斯先生。她就是克尔凯郭尔（Kierkegaard）[①] 在《纯洁的心灵》（*Purity of Heart*）中所表达的理想的化身，辛劳和牺牲都是为了事情本身，而不是为了施予者的荣耀。乔伊斯致维沃尔小姐的信是他写的信中最推心置腹的。随着乔伊斯本人的变化，他写的信也在变化。早期写给斯坦尼斯劳斯的信帮助他确定

① 克尔凯郭尔（1813—1855）：丹麦哲学家、神学家和作家，一般被视为存在主义之父。

了自己的思想愿望和政治抱负，放纵了他的傲慢。他在信中将自己描绘为社会主义者，意味着他希望得到国家的支持。他给诺拉的信，在他求爱的阶段是俏皮的，在他依然年轻时，从丰特努瓦街他父亲家发出的那些信则充满了性渴望。而致维沃尔小姐的信，一方面幽默的妙语如连珠炮一般，一方面则充满了沉重感和衰竭感。在其中的一封信中，乔伊斯承认他已经好几年没读文学作品了，他的脑子里充满了碎砖烂瓦、破火柴棍和“大多是四处捡来的”玻璃片。这些信一开始彬彬有礼，对维沃尔小姐的恩惠表示谦恭和感谢，但很快就会不出所料地提出要求，要书，要唱片，要剪报等等，然后再提及有这位或那位编辑骚扰了他，非要摘录他的作品，并表示对他的文笔佩服得五体投地，云云。他对维沃尔小姐的依赖，从财务上转向情感上，最后又会回到财务上。

维沃尔小姐的行为完美无瑕。她从不对乔伊斯评头论足，也从不对他非难指责，她没有一次超越她的角色范围。乔伊斯尤其是在年老之后，成了一个一本正经的人，面对这个同样一本正经的女人，他却能吐露几件折磨他和困扰他的事情。乔伊斯什么都对她说：他家里的事、不断寻找房子的经历、他在乘火车旅行时吃的鸡蛋和咸肉片、他在萨尔茨堡（Salzburg）买的绿色新夹克和与之相配的真丝手帕和宽边帽。他还会谈及他的眼科医生或牙科医生，他的虹膜炎，他的牙龈脓肿，他的角膜翳的用药剂量，以及他的躁动的生活中的所有其他偶然事件。随着他们越来越熟悉，乔伊斯对金钱的需求也越来越贪婪。有时候他会暗示，有时候他就直截了当地提要求。有几次维沃尔小姐正打算外出度假，乔伊斯出于礼貌，写信祝她旅途愉快，然后便会絮絮叨叨地说起残酷的现实——他的财富被某个巨大的真空吸走了，他却会忽略那个真空就是“他自己”。他会问，那笔将于某某日到达的款项能否提前支付他？不仅如此，他能否运用那笔资金，而不是按月领取固定的份额？维沃尔小姐从来不会硬下心来说不。偶尔在这样的诉苦后，乔伊斯又会语带幽默地说，他猜想她会感到宽慰，不必到站台上来迎接戴着眼罩、怀揣一大堆不切实际的要求的他了。维沃尔小姐变成了他的朋友、红颜知己、倾诉者和包容一切的母亲。

然而她的确得到了一些回报。她将见识到乔伊斯那天马行空的想象力所创造的奇迹，见识他的“空白期”（passencore）和他同词语进行的“再次搏斗”

（wielderfight）。[①] 她收到了进入乔伊斯的寓言王国的钥匙，得到了他那扭曲的语言和“奥克尼人”（Oconees）的意思的提示。当乔伊斯开始写作《芬尼根的守灵夜》时，他给维沃尔小姐寄去了一份又一份词汇表、一份又一份解释表和小说明，供她愉快地欣赏他的字谜游戏。“Wolkencap”就是“a woolen cap of clouds”（羊绒帽子一般的云），“dinn”则是“din”（喧嚣）和“djinn”（神灵）按东方方式的组合。

“生活就是一场守尸礼……要么和它一起生，要么和它一起痛。”一天早晨，在巴黎，尽管街头发生着骚乱，视力微弱、疾病缠身的乔伊斯拿起了一个用大号纸订成的笔记本，开始创作他的《正在进行的工作》（*Work in Progress*）。他一直满怀戒心地保守着书名的秘密，为了防备他万一去世，只向诺拉透露过。当然，这本书最终将成为《芬尼根的守灵夜——和它一起生或和它一起痛》（*Finnegan's Wake—Live It or Crick It*）。“《尤利西斯》——

---

① “passencore”、“wielderfight”均见于乔伊斯1926年11月15日给维沃尔小姐的信，“passencore=pas encore and ricorsi storici of Vico”，“wielderfight=wiederfechten=refight”。“pas encore”是法语，意为“尚未”，“ricorsi storici”是意大利语，意为“历史的回归”，指意大利历史学家维科所说的历史循环间的短暂空白期。“wielderfight”融合了德语，即“再次搏斗”。——编者注

谁写的？我忘了。”他说。如果说《尤利西斯》是白天的书，《芬尼根的守灵夜》就是夜晚的书。梦和谜，神话的编造，神话的破坏，兼用法，三段论，自然主义，超自然主义，寓言编造，国王和巨人连同特里斯坦骑士（Sir Tristram），情歌琴手，安娜·利维亚（Anna Livia）和她的“莱茵石”（rhunerhinerstones），还有她的七名彩虹侍女。乔伊斯认为这是他写得最好的文字，但他也猜测这本书将意味着他死期已至。他已经感觉到自己既是人又是鬼。他将这个鬼描述得通过死亡，通过不存在，通过方式的改变，逐渐融于不可感知。

乔伊斯孜孜不倦地追求文学，他要保证给他的读者“一点小小的有益的头痛”。艺术的推进是要展示思想和无形的精神实质，旧的语言必须灭亡。词语将被分解，提取其实质，“水要像水一样说话，鸟要像鸟一样唧喳”，他要把语言从先前被奴役、被蔑视的地位上解放出来。停靠港是前所未闻的。单词被叠接、补充和组合，具有了更浓密的含义。例如安娜·利维亚在七个彩虹少女的帮助下给头发编辫子的地方 boudoir（闺房），就变成了 boudelaire，将一个表示“泥”的 bou 嵌入了 Baudelaire（波德莱尔），顺便表示了对波德莱尔的尊敬。

乔伊斯寄给维沃尔小姐的生气勃勃的头两章，是关于爱尔兰最后一位共主（High King）罗德里克·奥康纳（Roderick O'Conor）的："'我今天要做的事情、要去的地方还真多啊！'就像这首歌谣所唱的一样，我们崇高的、精力旺盛的伟大的君主罗德里克·奥康纳（唉，真是倒霉透顶啊）在半夜里感到口很渴，好像吃了芥末一样感到非常难受，结果他也不知道把什么东西灌进自己柔软的喉咙里去了，对此他感到极其难受，觉得浑身都不舒服，真希望这种感觉消失，但是对于爱尔兰人来说，如果不去酒馆的话又哪里有办法去遗忘这一切呢？的确是这样，喝个够吧，像一个特洛伊人，尤其有时候还要借助他尊贵的舌头的帮助，不管多少品质低劣的酒也无所谓，借酒消愁。有些顾客像是骑士，而有些则完全是乡巴佬的样子，但是，不是一样懒散无用吗？每个人都能是海量，酒桶底部留下的麦芽和乱成一团的啤酒……"历史上的罗德里克·奥康纳是个更加雄健、更加好战的人，在多石头的康诺特（Connaught）统治着一个小小的公国，自然他渴望成为整个爱尔兰的共主。当共主麦克洛兰（McLochlann）从阿尔斯特（Ulster）抓来了一个人质并弄瞎了他的眼睛后，奥康纳的机会来了。那个世纪和当时的文化都以野蛮而著称，然而弄瞎别人的眼睛仍然被认为是大逆不道的，于是共主忠实的部下们纷纷背离了他，他最终在阿尔马（Armagh）附近被杀死。罗德里克率军穿越了三个省，使自己被加冕为共主，然而后来也被推翻了，只能在扬·科特（Jan Kott）的诗《莎士比亚，我们的同代人》（Shakespeare Our Contemporary）中得到回响——“国王死了，国王万岁”。

乔伊斯一边写，一边将写好的部分分批寄给维沃尔小姐，并且以他不惯常的谦恭建议道，她可以挑选她喜欢的主题，他会很高兴地写就并交给她，就像裁缝交付定制的衣服，面包师交付定制的面包。乔伊斯需要维沃尔小姐，随着《芬尼根的守灵夜》部分章节在杂志上刊出，招致了他的朋友和敌人共同的愤怒后，他就更需要她了。这本书被谴责为“炒杂烩、恶作剧、巨大的谜语和对人们常识的侮辱”。没人能看得懂。我们大部分人在睡梦中做的事情，乔伊斯试图在清醒时做。这将使他彻底陷于孤立——“他的心显得无所谓了，他的血液慢慢地流动，他的呼吸声就好像单调的低鸣”。

芬尼根的守灵夜

乔伊斯写《尤利西斯》，几乎是无中生有，但是写《芬尼根的守灵夜》，则“完全是无中生有，里面却有晴天霹雳”。这是一本黑夜之书，他将其描绘为一座高山，他从两个方向打洞进去，自己也不知道会发现什么。书中有更多的地图、更多的百科全书、更多的街道指南，然而这回，故事发生地成了整个世界，不过亲爱的古老的都柏林仍然是主要场合。神话故事和圣餐变体，巨人和人类相互转化，最终变形为树木、云彩或河流。河流主宰了叙事，总共讲述了八百条河——有密西西比河和密苏里河，“河网密布大地，潮湿地漫延”——但是讲得最多的还是利菲河，“从海岸突然转弯向弯曲的出海口流去，经过一个宽敞的村落，把我们一路带回到豪斯堡（Howth Castle）”。

豪斯是爱尔兰巨人英雄芬恩·麦克库尔（Finn MacCool）的葬身之地。他的身躯实在是庞大，他的头埋在一处，肚子埋在另一处，脚则埋在了凤凰公园。芬恩·麦克库尔是“建筑匠”蒂姆·芬尼根（Tim Finnegan）的祖先，蒂姆·芬尼根则是个生性优柔的泥瓦匠。豪斯也是都柏林海湾最易受到攻击的薄弱点，历史上屡遭外敌入侵。“建筑大师”乔伊斯本人因为“针刺词语”，很快也将受到批评者甚至坚定支持者的攻击。

多年后约瑟夫·坎贝尔（Joseph Campbell）将《芬尼根的守灵夜》说成是"用没完没了的胡说八道来为爱尔兰祖国施肥"，弗雷德·希金森（Fred Higginson）则说乔伊斯"像布鲁盖尔一样浪费了才华"，在那个时代，乔伊斯被嘲笑为"有垃圾之才"的"作家沈恩（Shem）"。尽管乔伊斯偶尔也自嘲，说这本书是"随便乱丢的文字垃圾"，或者"胡编乱造喋喋不休的文字"，但如果别人也这么说，他就要报复了。他说这本书简单至极，任何人都能看懂。真正的主人公就是时间、河流和高山，男人和女人，生育、童年、夜眠、婚姻、祈祷和死亡。他说他试图在多个层面建构同一个故事，但只有一个审美目的。然而在他所说的和他所做的之间，则有"林林总总的"差异。

他有时用两只眼睛工作，有时只能用一只，并反复地吸食可卡因来减轻痛苦。他在夜间工作，为自己"肚子里吐露的语言"放声大笑，以致诺拉会起床来要求他停止工作，停止大笑，这样她才能得到稍许的安眠。有时候他实在是太专注，竟至会丧失意识。在两个词之间，他也许会插进两百个词，把原本一页纸的内容扩展成二三十页。但是这种语言的雪崩实在是太多了。

奥利弗·戈加蒂说《芬尼根的守灵夜》是“自麦克弗森（Macpherson）的《奥西恩》（Ossian）以来最大的文字骗局”。作家麦克弗森曾宣称与三世纪时的爱尔兰英雄和游吟诗人奥西恩进行了心灵交流，写出了《奥西恩》一书。戈加蒂等了将近三十年，才发泄了他的仇恨。他的仇恨别无来由，无非是因为他们都在都柏林，是同时代的人。同为作家，一个是旷世奇才，另一个只能写些讽刺挖苦的文字。戈加蒂的文章中充满了不才之人对天才的全部怨恨和愤怒，或者用安娜·利维亚的话来说——“所有的贪婪都从他们那卑微的灵魂里奔涌而出”。按照戈加蒂的说法，乔伊斯的头脑很难说是清醒正常的。他最后对乔伊斯盖棺论定，说乔伊斯正在享用的巴黎文学界那些附庸风雅的半吊子们信口开河的阿谀奉承，才能安慰他那颗对名声贪得无厌的心。如果说《尤利西斯》激怒了人们的话，这部新作品则会让他们发疯。

那么这本书到底写的是什么呢？它可以说是乔伊斯精心设计的“文字迷宫”，是他的《申命记》[1]。迷宫中的

①《申命记》是《圣经·旧约》中摩西代上帝宣告诫命的一卷。

词语降生于“自己虽然内在洁净而外在肮脏的房子”。“外部的环境”被忽略不计了。每个读者都必须大胆地跳跃，来分析词语的含义，一旦分析出，自然会发出会心的大笑。“让三一学院的学生们对我讲拉丁文吧”，一群七嘴八舌的洗衣妇中的一个说道，而她们的作者乔伊斯正在努力“把印度古语转化成雅利安语”。假如爱尔兰认为詹姆斯·乔伊斯背叛了她，那她就大错特错了。爱尔兰的音乐、诗歌和她“破碎的天语”，全都呈现在乔伊斯的书中。

建筑匠芬尼根，既像个乡下老妪又像个乡下老头，在“一个星期四的值得哀悼的早晨”，他在一座“摩天大楼”上工作时，突然滑倒，跌落了下来。芬尼根先生变成了一个叫汉弗莱·钦普登·伊厄威克的人，在查布莱佐（Chapelizod）开着家小酒馆，有个妻子安娜·利维亚，一对总是相互较劲的双胞胎儿子沈恩（Shem）和肖恩（Shaun），还有个女儿伊莎贝尔（Isabel）。她有着分裂的人格，也是寻找情人特里斯坦的伊索尔德（Iseult）[①]。有着人类的希望、人类的抱负和所有人类的弱点的“每

① 《特里斯坦与伊索尔德》是西方家喻户晓的爱情悲剧，其传说源自爱尔兰，由法国中世纪游吟诗人在传唱过程中形成了文字，其最著名的流行形式则是瓦格纳创作的同名歌剧。

个人先生”和“每个人太太”，天生被矮化或者转化成障碍性的语言。

安娜·利维亚是乔伊斯构思出的所有人物中最易被理解的，也是他最心爱的。她是个被写活了的女人，一件又一件地脱去了年轻时的衣服，又脱去了上年纪后的衣服，最后回到了她最早居住的地方，她的“冷酷疯狂而又充满恐惧的父亲”就是那片等待着她的大海。乔伊斯说这是他“旋律优美”的一章，即便铁石心肠也会为之感动。法国文学评论家瓦列里·拉尔博为这一章深深陶醉。这一章曾被单独出版，为了吸引读者，乔伊斯还写了一首打油诗，塞进了有限的篇幅内。

> 从菲博（Faber & Faber）那儿
> 买一本棕色的书
> 看看安妮·利菲的旅程，雀跃鼓舞
> 她唱的是七宗罪的事，
> 她的唱词伴着悠扬的铃音
> 海潮退了，现出贝壳
> 她的乐声，如河水奔流

在第一卷第五章，有两个洗衣妇在河边洗衣服，她们一边弯着腰将受雇要洗的衣服浸泡在水里，让罪孽和污垢泛出来，一边闲扯着，安娜就通过她们的闲言碎语被描绘了出来。俩人相互挑逗着说出安娜更多的事情，用俗语来讲，就叫“滔滔不绝地说”。噢，你要是听见了她们说些什么，你简直想死。安娜“在老凯普尔（Kippure），在鸟儿歌唱和人们剪羊毛的山坡上，纯粹而简单地小解的时候，被一只叫做奇拉塔—奇鲁塔的狗给舔了，然而最重要也最糟糕的是，她使劲地扭动着身子，却滑进了魔鬼谷的一道裂缝中。这时她的保姆莎莉，正在一条小沟里呼呼大睡。安娜越过了一条泄洪道，落在了一群褐色的鸟儿下方一个完全静止的雨水黑潭里，她大步地跑着，又摔倒了，拼命地蠕动着”，更糟糕的是，安娜给她丈夫，那个“有钱的”矮胖子拉皮条，介绍年轻姑娘为他服务，坐在他的大腿上供他玩弄。她丈夫是个土包子。难道不是他在邪恶的凤凰公园行苟且之事时被人当场抓住了吗？他要小姐们——“用咯咯的笑声引诱人们犯罪的荡妇”——脱掉衣服，供他干些见不得人的勾当，比如当着三个趾高气扬的少年士兵的面撒尿。难道这件可耻的事情没有被编成歌谣，印在手帕上传遍整个爱尔兰。乔伊斯的笔端随后又抒发了更多的谜和更多的枝蔓。一封信因为母鸡贝琳达（Belinda）在脏土堆上乱刨而重见天日了，当信被举到阳光下时，可以看到有锐器刺穿和划破的痕迹。乔伊斯这样安排情节，是为了使那个无赖丈夫的特征更加清晰。他眼中的人生是邪恶的——“这种贫乏以及污秽不堪的东西”，他总是被妓女们包围着。也许正是安娜，这位包容一切的妻子、柔情似水的母亲写了这封信，为建筑匠芬尼根、汉弗莱·伊厄威克和戴恩·多德尔（Dane Dodderer）辩护。

安娜的确最终问了有没有人“理解”她，但在她年轻的时候，她也是疯狂的舞蹈和疯狂的喧闹的一部分。然而摩莉一心放荡情欲，安娜却像魔咒一样。她是一个缠绕的线的幽灵，是一个变幻莫测的女妖。她用乳白色的水洗澡，用腐朽的叶片擦干她那“圆形的普鲁涅拉群岛和小岛上的山丘”、她的“五官”和她的“小玛丽（肚子）”。她的发型也许是受了利维娅·施米茨（Livia Schmitz）的启发，但是变质成了蓝草、河边的野草、芦苇、水藻和低垂的杨柳。当她编辫子的时候，我们始终和她在一起。她对汉普费尔德（Humperfeldt）的欲望后来也减弱了。卧室的气氛变得庄重起来。他锁上了自己的“壶”（kekkle）。她将降至第二位，让位于他们的女儿伊索尔德，被那位丈夫—父亲妄想为他的女儿—妻子的查布莱佐的伊茜（Issy）。保守而呆板的母亲很快就会被“开朗、活泼、聪明、敏捷”的女儿所取代。

埃德蒙·威尔逊（Edmund Wilson）[①] 在谈及《芬尼根的守灵夜》时，说丈夫和妻子在从夜晚的酣眠中醒来时，都带着新的极化。威尔逊先生说，父亲会更趋近于孩子，妻子则渐渐疏远了色鬼丈夫，然而不是因为仇恨，而是出于同情心。安娜看着他像个“站在白色小马驹旁边的孩子”，所有母亲都愿意信任的孩子，闭上了眼睛。当她变形为一条河流后，她必须穿过像海神波塞冬那“可怕的三叉戟”一样的南墙和北墙，然后才能进入宽阔的大海。她在全书结尾时所说的最后一句话如同魔咒——“道路，孤独，最后，爱，漫长，这”。批评家威廉·约克·廷德尔（William York Tindall）称之为“最纯粹的感伤”，好像描写与死神的会面是如此的有损尊严。

乔伊斯一向认为忠实的维沃尔小姐永远不会背弃他。

---

① 埃德蒙·威尔逊（1895—1972）：美国文学评论家、作家，对美国文学批评传统的确立以及欧美一些现代主义作家经典地位的确立影响甚大。代表作有《到芬兰车站》、《三重思想家》等。

毕竟，她是被《荷马史诗》中的辅助精神送进他的人生的，她的名字 Weaver 就含有珀涅罗珀那织了又拆拆了又织的织物(weaving and unweaving of the tapestry)[1]的含义。然而他错了。他写得实在太云苫雾罩了，维沃尔小姐也开始沮丧和退缩了。她不喜欢他那双关语工厂大规模批发式的倾泻，也不喜欢他的小说的晦涩难懂。“你并非喜欢我写的所有东西，是吗？”他问她。她喜欢水一样的世界，也喜欢朦胧的景象。但《芬尼根的守灵夜》实在是太过朦胧了。

“灰色的星星，绿色的星星，黑色的星星，夜晚的星星。”乔伊斯眼中的沉淀物使他的视力近乎全盲了。他用不同颜色的笔写字，写出的字母有半英寸高，他对斯威夫特教长(Dean Swift)[2]的“暴怒”有了同感。埃兹拉·庞德曾说：“……乔伊斯如果没有失去他神圣的视力，或者

---

① 在荷马史诗《奥德赛》中，特洛伊战争结束，奥德修斯归途又历尽艰险，在海上漂泊了十年。这期间有一百多个来自各地的王孙公子聚集在他家里，向他的妻子珀涅罗珀求婚。坚贞不渝的珀涅罗珀为摆脱纠缠，想出一个缓兵之计，宣称等她为公公织完一匹做寿衣的布料后，就改嫁给他们中的一个。于是，她白天织这匹布，夜晚又在火炬光下把它拆掉，以拖延时间。后来，奥德修斯终于回转家园，夫妻儿子合力把那些在他家里宴饮作乐、胡作非为的求婚者一个个杀死。

② 斯威夫特教长：即乔纳森·斯威夫特（1667—1745），英国一爱尔兰作家，讽刺文学大师，以《格列佛游记》和《一只桶的故事》等作品闻名于世。曾担任都柏林圣帕特里克教堂教长。晚年饱受疾病折磨，最后几年精神失常。

有什么新疗法能帮助他恢复，他的言语也许会婉转一些，不至于如此突兀。”

乔伊斯完全孤立了。将声音、准声音和图像汇集在一起，打造他那古怪而美丽的词语星座，他做得实在过分了，他的书实在太让人难以理解了。他在写《芬尼根的守灵夜》的同时，仔细钻研着《凯尔斯书》(*The Book of Kells*)[①]的技巧，不仅是因为其精美繁复的设计，也因为其中讲的是《福音书》的故事。他认为自己在做着同样的事情。他说他写《芬尼根的守灵夜》的想法来自于维科(Vico)[②]的《新科学》(*Scienza nuova*)，即运用人类学和神话学来揭示，人类历史上的重要事件、毁灭和复兴，始终是不断重复的——“都是同样的翻新”。然而一旦他开始写作《芬尼根的守灵夜》，维科的理论就“只是框架”了。他那塞满了一切的头脑就成了“远离疯狂的一片透明的叶子”。

他从街上人缝中看到的电话线，他感到像是一条条脐带；人们向他描述的迦太基废墟上的花朵，在他那里变

① 《凯尔斯书》：8 世纪后期 9 世纪早期流传的带装饰画的手抄本《福音书》。
② 维科（1668—1744）：意大利政治哲学家、语言学家、历史学家和法理学家，以巨著《新科学》闻名于世。

成了死去的孩子们欢快而活泼的歌声。他笔下安娜·利维亚的头发，灵感来自他的朋友伊塔洛·斯维沃的妻子利维娅·施米茨美丽的红头发，但也来自达特里河上红色的条纹——那是附近染色坊扔掉的空染料桶造成的。在一处集市，他看到一个土耳其人把一个框子架在腿上，框子上缠着红色、绿色、蓝色和黄色的线，在他看来就像是裂开的彩虹。神奇的爱尔兰早期寓言故事对他来说犹如每天必吃的面包。他应该经常回味一个故事，一个圣人在海上漫步，遇到巴拉乘船而来，巴拉问圣人何以能在水上行走，圣人答道："这根本不是海，我只不过是在开满鲜花的原野上行走。"圣人说着，摘下了一朵深红色的花，抛给了船里的巴拉，然后问船怎么能在原野上飘浮，巴拉将手深深地探入水中，捞起了一条鲑鱼。

土地和水，意象和相反的意象，古老的橡树从时间的灰烬中升起，形成了"远方的榆树"，最重要的是，都柏林及其郊区在一些激动人心的小短文中改变了旧貌。乔伊斯为了向他所钦佩的埃德加·基内（Edgar Quinet）[1]致敬，将基内散文中描写伊利里亚（Illyria）和努曼提亚

① 埃德加·基内（1803—1875）：法国历史学家。

（Numantia）的片断移到了都柏林的郊外——“矢车菊一直盛开在伯利姆，麝香玫瑰则选择从高斯顿的树篱上探出头，郁金香也被丛生的灌木围拢挤压在一起，这个天色灰蒙蒙的城市，纳克马的山丘幽谷里是正在生长的五月的山楂花……在一个万籁俱寂的夜晚，花儿一样可爱美丽动人，始终生气勃勃”。

当这些文字出现在文学杂志上后，人们的愤怒情绪益发增强了。有人说这本书就是“对语言的兽奸”，也有人说乔伊斯的作品说明“像失事轮船一样的脑袋是没法运输货物的”。

乔伊斯召集了十二个帮手，或者用他的话称为“使徒”，要求他们每人写一篇文章，帮助人们“理解”这部不可能理解的作品。这些使徒包括弗兰克·巴德根、塞缪尔·贝克特、斯图尔特·吉尔伯特、罗伯特·麦卡蒙等人，他们在乔伊斯的督促下，有时候甚至是在他的命令下撰文，他们全都要阐述诸如超出语言的象征主义、使用水这个意向之所指、其中的河流地理学内涵，以及这本书“是圆锥形的而不是圆形的”、是用“令人陶醉的、倾斜的、沸腾的”语言写成的这样的事实。这不过是人们在试图解释或分析詹姆斯·乔伊斯的文字时不断犯的错误的又一个引人注目的事例而已。乔伊斯厌恶文学对话，他说他宁肯去谈萝卜，但他这时对待所谓的学术批评和文学上的夸夸其谈、胡言乱语，已经比较明智了。他知道这些文章会激起人们巨大的兴趣。事实的确如此。这些文章是沉闷、抽象、晦涩和最终令人讨厌的杰作。

他承认想让批评家们为这本书忙上三百年。然而在巴黎的富凯（Fouquet）饭店，乔伊斯以一种孩子般的犹豫，央求他的儿媳海伦（Helen）朗读一下他刚刚写成的一段，第二天他就把这段从两页扩充到十页。他不需要用维科的理论来作解释（使徒们正在用维科东拉西扯），他也不需要与但丁的“炼狱过程”类似，他只需要听上去令人激动——“柔美的清晨，城市！我是富有感染力的雄辩者。经过漫长的黑夜，每个黑夜都降临于我的疯长的头发。而此时寂寥无声。这些树木总是令人喜爱。它们是为我金色的婚礼准备的。起来吧，豪斯家的男人们……”

保罗·莱昂（Paul Léon）笔下的乔伊斯，带着明显而强烈的愉快倾听别人说话，自己说话时则非常诚恳，也许他终究不必去寻找一个像街头歌手这样的工作。他在写《芬尼根的守灵夜》时极其失望，甚至想过请詹姆斯·斯蒂芬斯（James Stephens）[1] 将它写完，自己则开启另一项曾经流产的计划，去开普敦应聘一个教职。他的情绪从傲慢自大跃转为率真坦诚，也许是促使这么多人愿意为他所役使的原因，并促成了塞缪尔·贝克特在他死后说他是个“非常可爱的人”。随着时间的推移，贝克特和乔伊斯变得有些疏远了，但一开始，贝克特对这位大师是佩服得五体投地。尽管他的脚比乔伊斯大，他却穿和乔伊斯同样号码的鞋。他和乔伊斯吸同样的香烟，他也模仿乔伊斯的样子懒洋洋地斜倚在椅子上，但当他作为乔伊斯的临时秘书的“志愿服务”扩大后，他逃跑了。乔伊斯一向会把他的朋友，尤其是漂泊中的朋友，拉入自己的工作。他曾模棱两可地赞扬过贝克特：“关于如何创造奇迹，萨姆比我懂得多得多。我能够从他滔滔不绝的表达中看出他内心中的沉默，以及他如何用沉默来诉说自己，因为我更多地把他视为一个朋友和一个兄弟。”

在这部《正在进行的工作》中，乔伊斯塞进了各种各样的东西，有拳击手的“握拳手法”，有歌曲《沉默的莫伊海》（“Silent O’ Moyle Waters”），有克里丝蒂·科

---

① 詹姆斯·斯蒂芬斯（1880—1950）：爱尔兰作家，著有小说《金坛子》、《女佣的女儿》，诗集《叛乱》等。

隆巴（Christy Colomba），有航海者布兰登（Brendan the Navigator），有布鲁诺（Bruno），有凯西奥（Cassio），有大声鸣啼的海鸥和在智利某处的巴托洛门海沟（Bartholoman's Deep）。然而这实在是太过繁杂了。英国文学评论家德斯蒙德·麦卡锡（Desmond McCarthy）说乔伊斯是下定决心要“像疯子一样写一本给疯子们看的书”。他下定决心要做的是打破意识与无意识之间的障碍，在清醒状态下做别人在睡眠时所做的事。他知道发疯是天才的秘密。在他看来，哈姆雷特发疯了，正是他的疯狂促成了这部伟大的剧作。古希腊戏剧中的人物也都发疯了，果戈理（Gogol）和凡·高（Van Gogh）也是如此。他更愿意用“exaltation”（有“狂喜、提升”之意）这个词，但这个词可以并入“疯狂”中。所有伟大的人物都有这样的状态。他坚称，理智的人将一事无成。

在一个少有的坦白时刻，乔伊斯曾对维沃尔小姐说：“也许我能存活下来，也许我写的胡言乱语的疯话能存活下来，也许它们是有趣的。”在他的疑虑和极少掩饰的绝望背后，是更深更极度的渴望，他希望正在他女儿露西娅头脑中“燃烧的疯狂之火”能够“熄灭”。

“但愿在我离开这黑夜时，她能够痊愈”，这是乔伊斯在下这十七年“残酷”的苦功时对自己的安慰。对他来说，生活和工作一向有一种秘密和神奇的必然结果。乔伊斯在《尤利西斯》一书中溺死了文森特·科斯格雷夫，他认为自己也陷入了科斯格雷夫的溺水状态，他将以同样神秘的方式，将露西娅从深渊边缘挽救回来。

亲友

四十九岁那年，乔伊斯落到了人生的最低点。发生了三件无可挽回的事：他父亲去世了，《芬尼根的守灵夜》遭到了世人的冷遇，露西娅间歇发作精神病。

当八十二岁的约翰·乔伊斯于1931年圣诞节期间去世后，詹姆斯陷入了李尔王一般的悲痛，责备自己近十年来几乎忽略了父亲的存在，偶尔还会有一些残忍之举。他回忆起父亲的出众的天赋和孤独的鳏居生活，或者如约翰自己所说，“被这个卑鄙的无情的世界所抛弃，没有一个亲人提供食物或栖身之处”，一波又一波的内疚和假作的哀伤令他发狂。在约翰临终的前几天，他发信、打电报、每天晚上给医院打电话，还强迫一个叫柯伦的朋友去看望他父亲并不断向他报告情况。当听到父亲去世的消息时，他崩溃了，责备自己没有请最好的医疗专家。

约翰死前数日，陷入了神志昏迷状态，但他最终在病床上振作起精神，留下了他的最后遗言：“告诉吉姆，他是早上六点出生的。”他信守自己的诺言，把他在这个尘世上所有最美好的祝福都给了他心爱的长子，但乔伊斯想要的一向是对他作品的赞扬。在这方面，他的家人却像他的国人一样有所保留，这又一次印证了叶芝的名言：

我们来自爱尔兰。
巨大的仇恨，狭小的空间，
从一开始我们就不健全。

多年来，约翰·乔伊斯屡屡写信给詹姆斯诉苦，每封信里他都发誓这是最后一封了，当然都不是。沮丧、贫困，一个被自己的女儿们抛弃了的男人，遭白眼、被拒绝、被嘲笑和被厌恶。唯一能帮助他的人就是吉姆。《尤利西斯》出版后，乔伊斯变得举世闻名，他父亲认为自己有权利分得一些战利品。作为一个不仅在听到父亲去世的消息时痛不欲生，而且余生都为自己没能帮助无依无靠的老父亲而自责的人，乔伊斯的回答令人深深地失望。他拒绝得很是决绝。他承认，他的确每月都收到一位英国女士的资助，但大部分都花在了房租、医疗费用和雇用一名清洁女工上。他没有提及他们的奢侈开销，诺拉对昂贵衣服的嗜好，以及他们几乎每天晚上都要去巴黎的著名餐馆，而海明威都曾悲叹自己去不起那些餐馆。为了让父亲相信他也很拮据，乔伊斯说自己每天早晨都要整理床铺、拨旺炉火，而他们住的公寓非常黑暗，他找起衣服来都很困难。

乔伊斯本是指责人的大师，然而十年后，他却落到了像受伤的婴儿般绝望的地步。他向朋友们坦白了他的卑劣行径，在给大理石般冷静的托马斯·艾略特的信中，他谈及了父亲对自己深深的爱。对没有回到爱尔兰的悔恨又重新浮上了水面，他拐弯抹角地暗示是“直觉”阻止了他返回。他对爱尔兰的抵触不仅仅是因为恐惧，而是一种病症。他自称的理由，除了国人对其作品的厌恶、朋友的背叛和出版商的出尔反尔外，还有他担心被自己人处以私刑，像他心目中的英雄巴涅尔那样被杀死。他始终没有忘怀 1922 年诺拉和孩子们回戈尔韦时所遭遇的一幕，他们不得不趴在火车的地板上，因为共和军和自由州的士兵们发生了交火。虽然欧洲到处都有大屠杀，但对乔伊斯来说，爱尔兰是首要的战场，是个“该死的下流地方”。

乔伊斯同父亲的联系是时断时续的。当有朋友去都柏林时，他会央求朋友去看看那位可怜的老人，给他带一瓶詹姆森威士忌。他在自己的书房里，和乔伊斯家族的盾徽一起，还挂着父亲的肖像和父亲的刺绣猎装。有一次乔伊斯还曾建议父亲来看望他们，但他又可怜巴巴地补充道，他必须自己承担路费和住宿费用。于是这个探望始终没有实现。

在这个令他伤恸的时刻，乔伊斯不再是举世闻名、桀骜不驯、令人尊敬的作家了，他是一个“发自内心地思念的儿子”，曾到德拉姆康德拉医院探望他父亲的柯伦说。他在给维沃尔小姐的信中，不仅写到他头脑的衰竭，而且说他已决定放弃《芬尼根的守灵夜》的写作，“让那些未完成的纸张空着吧”。他与父亲的关系永远不能穷尽，优先于这个世界与这本“令人迷惑的黑暗之书”的关系。他在给她的信中谈及了他父亲的出众才智，他的嬉笑怒骂，他的小糊涂和小精明，以及他的众多故事，他声称父亲的才华使得《尤利西斯》中数百页内容和数十个人物受到启发。

他给葬礼寄去了一个常春藤花圈，以纪念他和父亲都热爱的巴涅尔。随附的卡上写道“来自吉姆的哀悼和爱”，好像整个家系只由他们两人构成似的。帕德里克·科拉姆联系了仿佛是乔伊斯家族的母亲、祖母和神仙教母的维沃尔小姐，请她资助葬礼的部分开销，她无疑接受了。

按照他父亲的遗嘱，总共有六百六十五英镑零九先令是给詹姆斯的，但全都抵了债务和医院的开销。詹姆斯并不在意。他父亲已经证明了对他的爱，作为补偿，他大谈起父亲和他的共生相像之处。他父亲的嗓音已经进入了他的喉咙，他父亲的叹息方式现在也成了他的。他甚至想过逝者在试图对他说话，他前所未有地好奇起是否真的有来世。

“爸爸，如果我爱上别的什么人，我以耶稣的名义向您起誓，那绝不是因为我不喜欢你。请不要忘记这一点。”这是露西娅写给她父亲的话。她一直依赖于乔伊斯的指导。

很久以前乔伊斯就表达过一种担心，当他们住在瑞士时，一种疾病可能侵袭了他的孩子们。他始终没有明确地说出这种疾病是什么，但他和诺拉太过沉溺于性生活，他的创作又极其劳神费心，他们的确有些忽略了孩子们。当露西娅长到十多岁时，乔伊斯毫无保留地喜欢起她来。露西娅成了他的“启发者”，他认为露西娅的精神错乱只说明她的天才还没有走上正路。

露西娅的童年像她哥哥一样，是不规则的——他们总是上不同的学校，接受不同的家庭教师指导，听像大杂烩一样的语言，家里经常缺钱，但不时又会奢侈一把。露西娅的长相很像她妈妈，甚至像诺拉一样有稍许的斜视，她也继承了诺拉的坏脾气。她还很小时，就曾抱怨过当她爸爸和妈妈外出就餐或看戏时，她和哥哥像“猪圈里的猪”一样被锁在家里。乔治亚是她的盟友，但当他后来同一位继承了一大笔遗产的美国女子海伦·弗莱施曼（Helen Fleischman）订婚后，露西娅却视她为对手，对她恶语相加，说她是“被包养的舞女”。

乔伊斯认为他本人的天才在露西娅的心智上投下了阴影，也许的确如此。但是他的负疚感散发着某种更加阴暗也更加有罪的臭气，仿佛露西娅的疾病并非他天才的后果，而是他年轻时放纵行乐的报应。这就是父亲们的罪孽。塞缪尔·贝克特刚刚认识露西娅时，他看到那位父亲一门心思地狂爱着女儿。他认为她就像一条有魅力的蛇，与她周围的人格格不入，一心渴望有所创造。露西娅厌恶自己的母亲，会冲她大喊大叫，说她是性饥渴，简言之，就是对乔伊斯的饥渴。她是个黑头发的苗条姑娘，长着一双明亮的蓝眼睛。她精神高度过敏，谈话时总是从一个话题跳跃到另一个话题。贝克特起初为她所吸引，就是因为这种思维的快捷，但很快他就为她越来越依恋于自己而感到恐惧了。贝克特看出露西娅的精神正变得越来越不正常，但他说再没有其他人看出这一点，尤其是她那位糊涂的父亲。贝克特曾和乔伊斯并肩坐在巴尔·布里安舞厅（Bal Bullien），观看露西娅穿着闪闪发光的银鱼服装跳舞。露西娅没能获得一等奖，乔伊斯勃然大怒，贬损说那是因为流行的时尚是黑人舞蹈。露西娅在这方面没有成功，她决定放弃舞蹈，她在床上一连躺了好几天，然后又将全副精力倾注在征服贝克特这件事上。她会躲在门里等贝克特，安排一起在饭店吃午餐，贝克特则会采用男性逃避女性追求时常用的手段，带上一个朋友一起去。在一次这样的午餐时，露西娅失望至极，她眼睛直勾勾地瞪着天空，什么也不吃，突然哭叫起来，然后跑出门去，将两个身无分文的未来诗人丢在饭店里面对账单。露西娅对贝克特的感情不仅是太过公然，用贝克特的话来说，“简直是逼婚”。当贝克特坦白地告诉露西娅他是来看她父亲的之后，露西娅陷入了精神紧张症的一种状态，将这一失败与众多其他失败叠加起来。她学过唱歌，学过绘画，学过十七种不同的舞蹈，但她却是个笨拙无助的姑娘，没有男人向她求爱，只有她父亲爱她。诺拉责怪贝克特最初的追求，后来禁止他再来家访问了。

在乔伊斯五十三岁生日的宴会上，露西娅抄起一把椅子掷向了她母亲，乔治不得不制服她，让两个看护人用紧身衣束缚住她。她的父亲爱莫能助，只能眼巴巴地看着她被抬进一辆救护车。没过几天她就出院了，但自那以后诺拉就不敢单独和她在一起了。她父亲不肯承认她有可能疯了，说她只是个“突然冲动起来”的小姑娘。乔伊斯并不惧怕“发疯”。这是个他常用的词，正如当有人问他父亲如何看待吉姆的作品时，他父亲也经常用这个词来回答一样。然而“发疯”写在纸上是一回事，发生在另一间屋子里就大不同了。露西娅有时会无精打采地坐在窗前，有时又会向她母亲掷家具，有时还会破口大骂，指责她母亲在她出生时没有结婚，使她成了野种。而无论什么错事，都没有她父亲的份儿。

乔伊斯会很不情愿地同意带露西娅去看这位或那位医生，把她送进某个疗养院，随即又会后悔，再偷偷地把她领出来。露西娅拒绝再看任何精神病医生，有好几位巴黎的朋友被召唤来看护她。乔伊斯对她的溺爱程度无以复加。例如，当露西娅和爱尔兰诗人科勒姆的妻子玛丽住在一起时，医生被要求装作是来为科勒姆夫人做检查的，露西娅只是陪客。她和科勒姆夫人一起睡觉时，两人的睡衣袖子得绑在一起，然而露西娅仍会逃跑。她毫不掩饰她在寻找男人这个事实。乔伊斯甚至承认她曾经有过一些男性朋友，但又有些傲慢地说他不介意做个“老头子”，因为追求她的人都只不过是些“毛头小子”。有一个丑恶的谣言，说他们俩之间有性关系，但乔伊斯爱她至深，她对他的爱也有了古希腊悲剧的强度。他是她的一切。她希望他能够和他的祖国和解。她曾经给英国国王写信，要求承认她父亲的天才，而无论她的要求多么鲁莽，乔伊斯都只是说:“我知道了，知道了。”对于露西娅的所有疯狂状况，乔伊斯都只有一个解释，坚称那是身体上的疾病而非精神上的错乱。他极勉强地同意进行这样或那样的治疗，带她去看这位或那位医生，他甚至捐弃了自己的前嫌，带她去看了荣格。在苏黎世时，他曾因为荣格看不懂《尤利西斯》而贬损过他。起初荣格还认为自己能治好露西娅，但很快就放弃了希望，他说乔伊斯父女俩就像是沉在水潭底部的两个人，一个还在下潜，一个正在淹死。露西娅则说荣格是一个想掌控她的灵魂的“唯利是图的瑞士大胖子”。乔伊斯认为露西娅所说的一切都是敏锐的见识，并钦佩她像自己一样毫不吝惜她“被闪电照亮的梦想”。甚至当乔伊斯看到露西娅画了一幅有他、有一只棺材、还有红字写的“这是吉姆”的画时，他都没有警觉。他正在失去试图同他讲道理的朋友们，他也不可避免地会失去露西娅。

乔伊斯五十二岁生日那天，祝贺之声不绝于耳，《尤利西斯》最终得以在美国出版的消息也适时传来，露西娅却两次砍断了电话线，还打了她妈妈。于是她又被送进另外的医院，接受这样或那样的治疗。对于她究竟患的是什么病，诊断的结果截然相反。乔伊斯为了鼓舞她的情绪，不断地给她写信，还用上了古老的百灵丹：答应给她买件毛皮大衣。露西娅放弃舞蹈后，又对装饰字体产生了兴趣，乔伊斯鼓励她坚持下去，正如他在给维沃尔小姐的信中所写的，他相信露西娅虽然不是塞尚（Cézanne）①，但她人生中总该有些不凡之处的。

露西娅在精神错乱最严重的时候，在服用着鸦片酊和佛罗那的情况下，宣布她想结婚，并希望能在七月份举办婚礼。她妈妈和她哥哥都认为这纯属废话，乔伊斯却表示支持。他的秘书保罗·莱昂设法说服了乔伊斯的内弟阿列克谢·波尼佐夫斯基（Alex Ponisovsky）向她求婚。可以理解的是，小伙子很不情愿，但还是遵命了。露西

---

① 塞尚（1839—1906）：法国画家，后期印象派代表，对运用色彩和造型有新的创造。

娅轻易地便接受了。乔伊斯兴高采烈。形势看似一片大好。朋友们在推动下，纷纷送来了花束和贺信。乔伊斯还安排了一场订婚宴，但注定会不欢而散。露西娅离开了饭店，跑到了利昂家，一连好几天斜倚在沙发上。在二十四小时内，她取消了订婚仪式，又重启，然后又中断，因为她憎恨所有犹太人。

乔伊斯认为换个国家换个环境也许会出现奇迹，他写信给维沃尔小姐，问她是否欢迎露西娅去伦敦。好几种疗法都宣告失败了，让她摄取海水也没有成效，乔伊斯却仍然不肯把她送进某个她永远逃跑不了的机构。像玛丽·科勒姆一样，维沃尔小姐也发现露西娅试图逃走，于是也不得不睡在她身旁，并紧紧地抓住她的手。但她还是设法逃走了。她看见一辆巴士上写着“温莎”的字样，就跳了上去，然后在一个宾馆给维沃尔小姐打电话，要她带上些换洗衣服，马上过来。然而在她的施救者赶到之前，她又溜走了。她认定伦敦不是自己喜欢的地方，就去了都柏林，以便和这座令她那个大名鼎鼎的父亲痛苦不堪的城市和解。对她的都柏林表亲们来说，她真是个大灾星。她吃药过量，在晚报上打广告要学中文，不穿内衣裤就外出，还向她看着顺眼的男士求欢。当她在自己的卧室里点起火后，她说那是因为她喜欢泥炭的气味，而且火焰的红色会让她想起她父亲的脸色。

乔伊斯写给露西娅的信是货真价实的情书。在每封信里他都夹着钱，或者上好的补药，或者是托尔斯泰写的优美故事。他提醒她要多吃鸡蛋、牛奶和水果，他很高兴地听说她找到了米黄色的袜子，米黄色一向是她最喜欢的颜色。他既是父亲，又是医生，还是求爱者。他向她回忆起他们曾经一同参加过的派对，那里有“小灯笼散布在草地上”，他那痴迷的童心在呼唤着她的童心。她根本没疯，她只是在用一种只属于她自己的奇异的缩略语言，是他在《芬尼根的守灵夜》里创造出的语言。露西娅的都柏林之行最终以不得不将她送进芬格拉斯（Finglas）的医院而告终，乔伊斯对此怒不可遏，严厉地斥责了他的妹妹和外甥们，并永远断绝了和他们的关系。于是露西娅又被送到了维沃尔小姐那里。

维沃尔小姐在萨里郡（Surrey）赖盖特（Reigate）附近的金斯伍德（Kingswood）租了个小别墅，还聘请了一位“体格健壮的精神病护士”。她们轮流看护露西娅，当她强烈发作时，她们不得不死死抓住她。乔伊斯听说了这情况后，勃然大怒，说他的女儿不需要“管制”。这就意味着护士必须辞退。而且，他指责维沃尔小姐在提及他女儿时，简直与他妹妹和他外甥们如出一辙。露西娅不是像奴隶那样被养大的，也没有斯大林主义者和希特勒主义者的倾向，也许这使她不能受到每个人的喜爱，乔伊斯质问维沃尔小姐，要她坦白地回答，是否喜欢他的这个女儿。

“真正发疯的人是我。”乔伊斯说道，又逼问她同意不同意这种说法，然后他又对从她那里收到的“金属货币”表示了轻蔑。

又过了几个星期，露西娅的病情继续恶化，一位信奉“肉体惩罚”的麦克唐纳医生（Dr. MacDonald）被请来接诊。很快他就把露西娅送进了北安普敦（Northampton）的医院，乔伊斯对维沃尔小姐的机构和英格兰、苏格兰的所有医生都丧失了信任。他安排人把露西娅带回了巴黎的私人疗养院，以便他去探视，他仍然相信自己可以救她。

维沃尔小姐请求去巴黎一趟，澄清他们之间可能发生的一些误解，并想探望露西娅，把露西娅落在英国的一只手提箱带还给她。她没有收到回信，就又写了一封信，提醒乔伊斯她家的门牌号变成了101，她希望乔伊斯先生能喜欢这个号码，因为这个数字表示的是轮子在转。回信是乔伊斯的秘书保罗·利昂写的，完全是出于礼貌。他说“沉重而悲痛的事情”正令乔伊斯先生忧心忡忡，乔伊斯先生希望朋友们能做到绝对可靠，而她也没有做到。自那以后，就是乔伊斯和露西娅一起，与整个外部世界搏斗了。

渐渐地，随着露西娅住院的时间越来越长，她的神智从胡言乱语转向了绝对高傲，乔伊斯也开始认识到形势已无可救药。露西娅说，她的爱慕者们都已经被她踢走了，因为他们所有人，包括贝克特，都是犹太人。黑夜来临了。黑夜永远不会离去了。

露西娅在致乔伊斯的一封信中写道：“假如我要走了，我一定会去一个属于你的国家……”乔伊斯看到这封信时，想必会感到是安娜·利维娅的鬼魂在纸上向他说话呢。露西娅的确走了。她缩回了自己思想的堡垒。然而当人们告诉她乔伊斯的死讯时，她的反应不像是一个深爱父亲的女儿，却像是一个狂怒的复仇者：“那个白痴，他在地下干什么呢？他打算什么时候再出来？”她把一切都抛弃了。

他自己和其他人

乔伊斯对自己的看法和别人对他的看法相距甚远。有一天在巴黎，阿瑟·鲍威尔说：“你是个没有情感的人。”乔伊斯转过身来，恼怒地说道：“我的上帝呀——我，一个没有情感的人。”他的神情是冷漠的，还带些贵族气派，他的举止有些煞有介事，他那红褐色的头发倒竖着，薄薄的嘴唇透出轻蔑。

人们怕他。他也许会对诺拉说：“你看得出我所有伪装背后的简单吗？”但他戴的面具实在太多了，他可以娴熟地变换面具。有人说他吸取了他周围一切事物的能量，他本人说当他和别人在一起时，他希望自己的想象力能够增长，否则就只有保持沉默。贝克特认为，这种“沉默和爱的放射”就是乔伊斯那令人不可思议的天才的秘密所在。尽管乔伊斯经常对同时代的作家吹毛求疵，但是当萧伯纳获诺贝尔奖后，他写信给萧伯纳，说看到一个同侪的都柏林人获奖是令人欣慰的。他应该知道此前或此后都没有人比萧伯纳更堪受此奖了。

尽管他有时像小鹿或小鸟一样脆弱，又长期受到疾病和厄运的折磨，他却仍然是不可征服的。曾经耽误了《都柏林人》的出版、并将自己后来的衰败归咎于乔伊斯的诅咒的乔治·罗伯茨，将乔伊斯比作横亘在爱尔兰和苏格兰之间的岩石海角巨人岬（Giant's Causeway）。当乔伊斯还是都柏林“酒馆里的台柱子”时，叶芝还不认识他，当他见识了乔伊斯的强硬后，把他描绘成“一只温柔的虎猫”。乔伊斯的残忍从来没有远离他，在这方面感触最深的莫过于维沃尔小姐了。乔伊斯的秘书保罗·利昂在致她的信里写到的“肠道感染”，就预示着疏远。利昂将担负起传递乔伊斯的各种要求的任务，要求维沃尔小姐寄这样或那样的东西给重要人物们，比如为刚刚逝世的乔治·穆尔送一个花圈，催促她的律师寄更多的钱等等。维沃尔小姐始终不知道乔伊斯为什么如此无情地中断了和她的直接联系。她承认，在对露西娅的护理问题上他们有分歧，她也对他“坚决的浪费”表示过正当的忧虑，但她从来没想惹恼他。她从利昂那里打探来的消息只有“她对乔伊斯先生态度的变化，无论在其家庭范围内还是周围较亲近的人群中所造成的影响，都是不合适的”。她糊涂了。她请求解释，但乔伊斯先生却没有心情听。她再次写信，说她正非常努力地试图理解《正在进行的工作》的那些片断，但她责怪自己头脑太过愚钝，理解不了像“狐狸和葡萄的姑娘”、旧石器时代或新石器时代的文化、圣玛拉基（Saint Malachi）的预言，或者一个皈依了圣帕特里克的爱尔兰盲诗人佐兹穆斯（Zozimus）的吟唱。

她希望乔伊斯先生知道，她没有忘记他，她将永远支持他。她得到的回答是利昂先生转告的，乔伊斯先生只是感到他的房子空了，他的心也空了，他的女儿走了，而公众也不打算接受他的天才。维沃尔小姐不时还能收到露西娅又一次治疗失败或乔伊斯先生又一次前往苏黎世做眼睛手术之类的消息，她所能提供的帮助就是“一个祝福”。这是她始终在做的。她支付了乔伊斯葬礼的费用，并竭尽全力资助了诺拉和乔治亚在瑞士的膳宿费用，因为在战争期间，他们无法通过《尤利西斯》得到任何版税。当她把乔伊斯的信件捐赠给大英博物馆时，她省略了一部分，她说她留下的是谈及露西娅病情恶化和她对她母亲的憎恶的部分，乔伊斯在暴露他的伤痛和心碎时太坦白了。她不仅爱他的作品，她也能意识到他和他亲近的人所须付出的巨大的牺牲。用文学的标准看，她是至福之人。

爱森斯坦（Eisenstein）[①]曾于20世纪30年代拜访过

① 爱森斯坦（1898—1948）：苏联电影导演，电影艺术理论家、教育家，对蒙太奇理论作出了重要贡献。因导演影片《战舰“波将金”号》而举世闻名。

乔伊斯，洽谈将《尤利西斯》拍成电影事宜。他对乔伊斯的印象是，一个藏在厚厚的玻璃后的脆弱的人，他说的玻璃，一个是窗户玻璃，一个是放大镜。他还说乔伊斯像是一间黑屋子里的萨满教巫师。只有在他能够谈及他那本“絮絮叨叨、喋喋不休的黑暗之书”《芬尼根的守灵夜》时，他才显得有一点生气。爱森斯坦离开时，心想这真是一场“鬼魂般的经历”，他们两人就像是两片阴影，很难有交集。但他意识到乔伊斯是个杰出人物，凡夫俗子只能感觉一切，而乔伊斯不同，他了解一切。当然，叶芝眼中的乔伊斯，与爱森斯坦拜访的乔伊斯，有着三十年的差距，但就乔伊斯本人来说，这段时间的变化不是能以年来计算的，应该以世纪计算。尽管他认为他的作品，自《都柏林人》以降，都是沿一条直线发展的，尽管表达的尺度和写作技巧都有较大的提高，但他不明白读者们为什么会感到困惑。他以他惯常的桀骜不驯，说眼睛所看到的什么也不是，他还补充说：“我有一百个世界要创造，我只丧失了其中之一。”

对于作为特定读者的欧洲知识分子，乔伊斯会依他的情绪作些解释。他坚称唯一伟大的思想家是亚里士多德，自他以后的其他人，从康德（Kant）[①]到克罗齐（Croce）[②]，都是在种植同一座花园。他始终厌恶国家和政府，他说国家“是寻求一致的而人却是以自我为中心的”。物质的胜利是精神优势的丧失。这是又一个高尚的宏论，却与他自己贪婪地向维沃尔小姐要钱的行为有光年计的距离。他会提醒来访者，他们曾为《尤利西斯》设置过多少障碍，说过多少愚蠢无知的话，然后他又会提到瓦莱里·拉尔博美丽的比喻。拉尔博将《尤利西斯》比作天空和星星，说只有研究得越久，才能越深地体会到星空之美并发现新星星。也有的时候他会选择一言不发，会出现一阵冷淡的沉默，然后，他又会心血来潮地背诵上一段福楼拜的《希罗底》(*Hérodias*)，演上一段“莎乐美之舞”（Dance of Salome），并不厌其烦地找两个小学生把施洗圣约翰（John the Baptist）的头端上来。[③]

---

① 康德（1724—1804）：德国哲学家，德国古典唯心主义哲学创始人，著有《纯粹理性批判》、《实践理性批判》等。

② 克罗齐（1866—1952）：意大利哲学家、史学家和文艺批评家、新黑格尔主义者、意大利自由党领袖，创立了“精神哲学”体系，主要著作有《精神哲学》（四卷）。

③ 故事出自《圣经·马太福音》，以色列希律王娶了兄弟的妻子希罗底，施洗圣约翰说不合理，希律王将其抓捕，却又惧怕民意不敢杀他。希罗底的女儿莎乐美曾向约翰索吻遭拒，遂在母亲指使下，以舞取悦希律王，逼他杀死了施洗圣约翰，将他的头盛在盘子里，献给莎乐美。

乔伊斯既学识渊博，又高傲冷漠，总是令人感到紧张。一位瑞士评论家雅克·梅尔坎通（Jacques Mercanton），曾描述过在洛桑同度假的乔伊斯一家一起散步的情形。乔伊斯不停地问他们经过的地方的名字，山、湖泊、葡萄园，乔伊斯一遍又一遍地重复着听到的名字，玩味着它们的发音，以代替亲自去看和触摸。梅尔坎通还描述道，在一个复活节星期六，在巴黎举行的一次洗礼仪式上，乔伊斯看上去既悲伤又恐惧，他需要紧紧地抓住朋友的手以求得安宁。他只在特殊情况下才去教堂，既因为他喜欢教堂里唱的圣歌，也因为他认为天主教的礼拜仪式和典礼代表着“人性中最古老的秘密”。

很多人在谈及乔伊斯时都怀着崇敬的心情，把他描绘成坐在百叶窗紧闭的屋里的一个神秘人物，或者在饭店里，他的手上戴着好几枚戒指。他总是带在身边的手杖放在他两腿之间，给人一种像是鸟儿栖息在树枝上的印象，可想而知他口中念念有词，在谈论着《芬尼根的守灵夜》里魔咒般的语言。在法国评论家路易·吉列（Louis Gillet）看来，乔伊斯是个神，是个只支持男性的神。吉列曾谈及乔伊斯与男性的亲和关系，说这是他生命的轴心，是个几乎没有给女性留位置的小尖塔，像贝特丽丝[1]这样的女性角色在他那里被废黜了。吉列告诉我们，乔伊斯只让“夏娃的女儿们”担当跑龙套的角色、小角色和女配角。在他看来，乔伊斯同情的是男性，丝毫不在意感情和感觉方面鸡毛蒜皮的小事，他是只从男性到男性间传递，而不通过女性内脏媒介的电流。在乔伊斯的作品中，你找不到像“抚摸我。温柔的眼睛。柔软柔软柔软的手。我感到孤独。噢，快抚摸抚摸我吧”这样的句子。

斯图尔特·吉尔伯特是乔伊斯最心甘情愿的门徒之一，一向对乔伊斯赞誉有加，但对在巴黎郊外贝尔蒙特酒店（Hotel Belmont）居住时的乔伊斯一家，他却勾勒出一幅吝啬而刻薄的图画。“乔伊斯太太”几乎像她女儿一样神经质，而且越来越烦躁，不停地就他们没有自己的房子和他们女儿的病责怪乔伊斯。吉尔伯特说他们的生活很空虚，因为他们除了眼下的一些事情外，什么也不关心，而且他们太以自我为中心，交不到朋友。他承认乔伊斯比他太太更通人情一些，但他的兴趣范围太狭窄了，

① 贝特丽丝：莎士比亚戏剧《无事生非》中的女主角之一，伶牙俐齿，爱挖苦人。

他只关心自己的家庭，不大关心自己的祖国。

事实上，他们所看到的乔伊斯，都只是那个内在的人的一小部分。没有人了解乔伊斯，除了他自己，没有人能了解他。他的想象力像流星一样迅疾，他的头脑在永远不停地积累知识，词语在他的脑海里碰撞着，形象则“像冥界大门口的阴影”一样争相挤入他的大脑。他想做的就是拧出生活中的秘密，而这只有通过语言做到，因为正如他所说，人类的历史就是语言的历史。实际上人物已经变成了虚构之物，足以让各种各样的人物在他的梦中活起来。就连爱尔兰巨人英雄芬恩·麦克库尔都变成了影子。乔伊斯聚精会神地琢磨着词语和方言，以创造出新的语言，或者毋宁说是恢复旧的语言，他认为在杂七杂八的南腔北调乱成一团之前，存在着一种古朴纯净的语言。他决心从那种本初的语言出发，再创造四十种语言。他说，让两个人在凤凰公园里分别说汉语和日语是非常合理的，因为那是表达“一种深远的冲突，一种无法克服的敌对”的唯一合乎逻辑的方式。冲突才是乔伊斯创作的源泉，而并不是有些人指责他的某种模糊的东西。他的眼睛近乎全盲了，加之他还必须感受词语，这就成为一项极其艰巨的任务，露西娅注意到，有时候甚至会令他流下眼泪。艺术的真理对他来说是神圣的——哪怕在最细微之处，他也要讲究风格的完美、音韵的不同、音符的恰当，以营造出令人陶醉的诗情画意。他曾对波兰作家扬·帕兰多夫斯基（Jan Parandowski）说，把词语碾碎去提取其实质，或者把一个词嫁接到另一个词上，形成杂种和前所未有的变种，或者把通常不会合的声音组合到一起；总之，组合分解，永永远远，也许都是发疯。

对于作品，尤其是他自己的作品，在他不得不发表意见时，他所说的一切都是谨慎小心的，也肯定是对人有所启迪的。而对于其他事情，他则信口开河，像其他人一样不可信。他习惯于贬损精神分析学家，尤其是西格蒙德·弗洛伊德（Sigmund Freud）——他称之为“维也纳的江湖骗子”——这方面他是武断的。他对精神分析的理解是天真的。房子就是子宫，火就是阴茎！弗洛伊德和他本人是同名人，《芬尼根的守灵夜》则肯定是试图有意识地进行的无意识之旅。他喜欢解释梦，但正如理查德·艾尔曼所说，他解的梦是弗洛伊德和天方夜谭的大杂烩。诺拉的梦据说很是纷繁复杂，与丹麦记者奥勒·温丁（Ole Vinding）对她的描述，“像只奶牛一样耐心地跟在乔伊斯身后”，形成了鲜明的反差。

在一个梦中，诺拉在一个剧院里观看新发现的莎士比亚戏剧，莎士比亚出现了，有两个鬼魂也出现了，她担心露西娅会受到惊吓。乔伊斯在对这个梦进行的分析中，把他自己当成了主角，即使他根本没有出现在诺拉的梦中。他说这个梦与他关于《哈姆雷特》中有两个幽灵，哈姆雷特有一个隐性的孪生体的理论有关，而诺拉根本就不知道他这个理论，因为她从来没通读过《尤利西斯》。莎士比亚是作为乔伊斯的先导出现的，而露西娅的恐惧则表示随后她父亲将荣耀加身，而他的天才将在她的头脑中制造不安。在另一个梦中，诺拉梦见了一个昔日的爱慕者——意大利记者普雷齐奥索（Prezioso），他手捧着《都柏林人》，哭泣着出现了。乔伊斯对这个梦的解释非常简单。他的情敌无法在生活中解脱自己，变成了一个衰老而可怜的求爱者。实际上多年前正是乔伊斯本人怂恿普雷齐奥索去追求诺拉的，然而当他在普雷齐奥索致诺拉的信中发现了“照耀她的阳光”等语句后，又大骂了那个可怜的人。

乔伊斯本人的梦都很鲜活生动，但非常奇怪的是，这些梦更符合卡夫卡的潜意识轨迹而非他乔伊斯的。其中他向威廉·伯德（William Bird）讲述过的一个梦，暗示了一桩难言的罪行。他（乔伊斯）走进了一座楼阁，楼阁内有十六间房子，每层有四间，他本打算从底层进入花园，但他在门口停住了，因为一滴血落了下来。他拼命地想冲出楼阁去，尝试了所有四扇门，然而每次在每个门口，都有一滴同样的血滴落下来。旁观者是一个身着锦缎的刽子手和一个手持弯刀的男人。他对这个梦的解释多少有些夸张。房间代表的是黄道十二宫，三扇门代表的是三位一体，凶犯就是他自己，血滴代表他前一天晚上从温德姆·刘易斯（Wyndham Lewis）那里借的五法郎，拿着弯刀的男人就是第二天早晨起来抱怨的他的妻子。不过对于他这样一个对数字特别敏感的人，此处有一个误差。总共有四扇门，并不是三位一体所需要的三扇门，而四滴血也很难转换为五法郎钞票。另一个他向男高音歌唱演员约翰·沙利文（John Sullivan）讲述的梦是，他见到了身穿黑色晚礼服斗篷的摩莉·布卢姆，他试图向她解释《尤利西斯》中她内心独白的那一章，然而她却无动于衷，最后竟以这样的话来打发他："我和你已经没有关系了，乔伊斯先生。"

说到爱尔兰时，乔伊斯也时常表现出同样的暧昧。

他说自己恨爱尔兰，不过他的恨与诺拉相比，的确就显得苍白无力了。在乔伊斯离开爱尔兰三十年后，有一次一名来访者向他问起都柏林的一条街道，他停顿了一下，然后用马蹄的声音、人脚步的声音和它们不同的回响声，来形容那条街上的鹅卵石路，继而又描述起各种气味，如霉臭味、被当地人称为“马苹果”的新鲜的干马粪味，以及一天中不同时间光的变化。乔伊斯被迫与他如此热爱的城市分离，不能在城中行走，不能在退潮之后漫步在海滨，观赏菱形的细沙、偷偷地舔着沙滩的潮水和夕阳下波光粼粼的大海，对他来说一定是非常痛苦的。那幅景象是在他年轻力壮、血气方刚时最早令他着迷的事物。他始终没有忘怀，始终没有真正离开那里，尽管他是被放逐的——“那片土地的呜咽是对他的呼唤”。

乔伊斯一生中有一件事很有违于他做人的信念。自他母亲去世后，他从来没有再提及她。很难想象母亲对他有如此持久的影响，他却没有在任何家书中提到她，在他父亲去世、女儿精神病发后，他也没有提及她。这真是极其强烈和坚定的决绝。他曾将母亲之死形容为“就像脑袋受了伤”，而在别处，他也曾说过诸如海水“涌进了他被打破的脑袋”这样的话。母亲的话和大海是不可分割的。布卢姆曾沉思过母腹的状态——“婴儿尚未诞生，即蒙祝福。尚在胎中，便受礼赞”——然而詹姆斯·乔伊斯却不认可这点。在他母亲去世时，他似乎没有表现出悲伤来，几个月后他初识诺拉时，他说他母亲是因为他父亲的虐待和他本人“针对她的愤世嫉俗的坦白言行”而死的。但实际的情况要比这复杂得多。他排斥她是确凿无疑的，当她回到他的小说中时，是作为迫害者而出现的。斯蒂芬英雄说：“你用苦涩的奶水哺育我。我的太阳和月亮如此永远地暗淡无光，你把我永远地丢弃在黑暗的路上。你亲吻我的时候像死灰一样。”

乔伊斯是个有惊世之才的悲剧性人物，对他来说幽默就是武器。奥利弗·戈加蒂曾在《星期六晚邮报》（*Saturday Evening Post*）上撰写评述乔伊斯的文章，说他是丢了他自己的地狱之门钥匙的但丁。乔伊斯没有丢任何钥匙，也没有丢失任何词语，实际上他发掘了语言。另一位忠诚的爱尔兰人、前警务司法官迈克尔·列侬（Michael Lennon）在《天主教世界》（*Catholic World*）上撰文，说乔伊斯的作品都是“臭大粪”。他指责乔伊斯向一个饱浸着伪弗洛伊德主义的知识界打开了思想的阴沟。他判定《尤利西斯》“相对于精神的肮脏来说，肉体上的色情描写还不算什么”。他认为乔伊斯作为“杰出的逐臭者”，已经被戴维·劳伦斯（D.H. Lawrence）所取代。最后，他以一种令人作呕的情绪评述道，乔伊斯的心中也许还有“破灭的信仰之光”，可以由他的失明和绝望而点燃。他还提出了一个问题：乔伊斯还有未来吗？回答是“没有”。作为诗人和小说家，乔伊斯将永远失败。

乔伊斯的未来是确定的。他的幽灵仍然萦绕着所有追随他的伟大作家。关于他的散文、论文、书籍和研读会浩如烟海，但更明显、也许更发自人们内心的是，他仍然被憎恨。《尤利西斯》出版后，他曾对维沃尔小姐开玩笑，说巴黎有传闻说他是个诗人，但他的主要兴趣却在床垫。他还会再开玩笑的。

1998 年 6 月在都柏林举行的“布卢姆日”，是个非常轻松愉快的日子。身穿爱德华七世时代衣服的男男女女们，准备朗读《尤利西斯》中的片断，尤其是那些“有伤风化”的段落，而乔伊斯也许会称为“骗子”的一些人，则骑着那个时代的邮差自行车。一派喜庆的气氛。一位鲁莽的绅士，高举着一本《尤利西斯》，跳进了桑迪科沃（Sandycove）冰冷的海水中，摆起了姿势。很多早餐摊都卖起了腰子和其他动物内脏，酒更是不会缺少。

一位典型的都柏林学者透露说，一位日本作家用日语念了一段《芬尼根的守灵夜》，那意思比用母语念要清楚多了。都柏林机场挂出的一个横幅宣布了这天是“布卢姆日”，全世界各地从日出到日落均朗诵了乔伊斯作品的片断，并传上了互联网。两天后，一位自称夸斯迪拉格（Coisdealagh）的先生致信《爱尔兰时报》(Irish Times)，倡议搞一个“把乔伊斯钉上十字架”的活动。他说在乔伊斯的“草稿”中，对于输出了他的爱尔兰的怨毒的讽刺实在是太明显了。其实乔伊斯的书并不能真的算他自己的，因为他没有亲自修改过校样，而校样中包含有大量语法错误和其他无人能辨却被读者和印刷商欣然接受的错误。我想，他肯定不愿听《尤利西斯》耗费了七年不间断的辛劳、两万小时的创作、对头脑和身体均造成了巨大伤害之类的话。他为此经历了神经紧张、激动烦乱、眩晕昏厥和无数的眼疾——青光眼、虹膜炎、白内障、结晶白内障、瞳孔云翳、结膜炎、视网膜破损、积血、脓肿，最终他的视力仅剩下正常视力的十分之一。乔伊斯能够超然于如此众多的误解，无疑是那些眼伤和他墨水瓶里的确有圣灵的证据。

在很多与乔伊斯有关的场合，人们都在争论詹姆斯·乔伊斯究竟应当属于谁，这种想要独占的想法实在是荒谬，根本不值得作答。天才是独一无二的，贝克特说那些把自己的人生都押上的艺术家只属于他自己，的确是非常正确。

乔伊斯最好的墓志铭来自于诺拉。他死后，诺拉在给她妹妹的信中写道："我可怜的吉姆，他是这么伟大的一个人。"

离去

乔伊斯在他生命的最后一年，变得越发孤僻，而诺拉则恳求着客人们多多来访。她抱怨说乔伊斯一整天也跟她说不上三句话，乔伊斯则反问：结婚都三十年了，还有什么话可说。那时正是1940年，国难和家难交织在一起，巴黎很快就将陷落于德国人之手，乔伊斯一家不得不逃离该城。乔伊斯家庭当时四分五裂，露西娅住在伊夫里（Ivry）的一个疗养院，乔治亚和他那位“歇斯底里的妻子”分居了，正试图把她打发回纽约，同时又想获得对儿子的监护权。

乔伊斯看出了纳粹侵略的全部意味和悲剧的不可避免性，他甚至也看出了法国民族主义者的“失败主义”情绪，但他的心思则集中在他那精神恍惚的女儿和他的被忽略了的书上。他从来不参与政治，这时当然也不会那样做。他帮助几位犹太学者离开欧洲去了美国，但他会激怒诺拉和朋友们的是，他仍在假想希特勒和他的恶魔政权是历史在不断地循环往复的又一个证据，而这正是《芬尼根的守灵夜》的主题。“咱们和平地离开捷克，用《芬尼根的守灵夜》来占领自身吧。”他这样说道。帮助他从一间公寓里收拾文件的贝克特，曾描述说乔伊斯坐在钢琴旁，大声咆哮道：“这场战争有什么用？”

诺拉和乔伊斯来到圣热朗勒皮（St. Gerard-le-Puy），一个乏善可陈的小镇，他们在那里的生活和巴黎有如天壤之别。善良的圣热朗居民们看到一位穿着长大衣、戴着眼罩，手里拄着拐杖，口袋里装着石头以驱赶流浪狗的“可怜的老人”。当诺拉不在身边时，他就溜进路旁的酒吧，喝点儿烈性的珀诺酒以振作精神。那时他已经瘦得皮包骨头了。

有时在聚会时，借着酒兴和对昔日狂欢的怀念，他仍会开口歌唱，但他唱的，已不再是猥琐的“噢，那些棕色和黄色的琼浆玉液”了。他这时唱的歌，像他本人一样安静。他用压抑的嗓音在唱，雅克·梅尔坎通后来写道：“他容光焕发，显得优雅而有风度。”朋友们会和着他一起唱“景色怡人的河畔”，然而一时的偷欢终究不能持久。没有人能猜到乔伊斯内心的煎熬，不管怎么说，随着丹麦、挪威、比利时和荷兰相继落入德国人之手，整个世界的人都在为日益临近的灾难而担忧。

“我能用语言来做我喜欢做的任何事情。”有一次乔伊斯曾这样说，然而对他万分期望的一件事——让露西娅神智正常——他却无能为力。听说附近一家旅馆将很快被征用为疗养院，他去见了医生，为露西娅定下了一个床位。伊夫里的医生认为夜晚的空袭警报对精神高度紧张的病人是有益的，但却无法说服乔伊斯。露西娅在最狂暴的时候会打碎窗户，袭击护士或其他病人，但她父亲仍然认为如果她离自己近一些，她就能治好。露西娅不在身边，又不能写作，乔伊斯就像船儿搁浅，无可奈何。一位作家，尤其是伟大的作家，同时作为一个重大事件的参与者、目击者和牺牲者，他对人类的痛苦既感受得更深切，也会更超然。如果写作停止了，或者似乎停止了，那装满了一串串词语的头脑就会变得不活跃。乔伊斯什么也不承认，但他内心里充满了愤怒和绝望，孩子般的愤怒和潦倒者的绝望。乔伊斯这种状态并非独一无二。托尔斯泰晚年宣布与自己的所有作品断绝关系，让他的庄园里住满了像拉斯普京（Rasputin）[①] 那样的狂热分子，正是那些人撕裂了他的家庭。当托尔斯泰离家出走，蹒跚于冰天雪地时，为他生了众多孩子并曾手抄过三遍《战争与和平》的索尼娅（Sonya）去追寻他，托尔斯泰却不让她进入他临终时躺卧的候车室。尤

---

① 拉斯普京（1872—1916）：俄国西伯利亚农民“神医”，因医治了王子的病而成为沙皇尼古拉二世和皇后亚历山德拉的宠臣，行为淫荡，因干预朝政被保皇派谋杀。

金·奥尼尔（Eugene O'Neill）[1] 将妻子卡洛塔（Carlotta）视为自己的敌人，并且是疯狂的敌人。弗吉尼亚·伍尔夫把石头放进口袋里，一天清晨自沉于英国萨塞克斯郡（Sussex）的奥斯河（River Ouse）。查尔斯·狄更斯（Charles Dickens）晚年变得忧郁而孤僻，竟怂恿自己的孩子们去与他分居的妻子凯特（Kate）作对。

乔伊斯没有离开诺拉，实际上随着时间推移，变得越来越依赖她。斯图尔特·吉尔伯特曾描述过乔伊斯去世前大约一年的一幅情景：乔伊斯太太在收拾包裹，打算去住旅馆，乔伊斯沮丧地蜷缩在一把椅子里，说他照顾不了自己，他不能没有她，诺拉则要他去投河自尽。然后他们又就饮酒和金钱这些老问题争吵了起来。乔伊斯在赞助爱尔兰歌唱家约翰·沙利文，而他们的儿子乔治亚也需要这笔钱。为了让他们尽情争吵，吉尔伯特离开了他们的公寓，但应乔伊斯的要求，在六点钟又打来电话，是诺拉接听的，她说："我又认输了。"乔伊斯热爱他的家庭，坚称所有家人都对他非常重要，但随着他越来

① 尤金·奥尼尔（1888—1953）：美国戏剧家，对美国戏剧改革运动作出了重要贡献，作品反映美国社会问题，主要剧作有《天边外》、《安娜·克里斯蒂》、《哀悼》等，获1936年诺贝尔文学奖。

越老，他也越来越不关心这个世界上的事情了。它们像安娜·利维娅一样，“变得令他讨厌起来”。词语是他的主要动力。他曾对记者奥勒·温丁说，虽然《芬尼根的守灵夜》读起来有无法克服的困难，但却给他带来了巨大的欢乐，对他来说，这本书是“超越一切的伟大现实”。作品在带来自我实现感的同时，也会带来毁灭性的空虚感。加缪（Camus）[①]曾写过演员的恐惧，演员在无力表演时更是如此，然而失去了创作力的作家比演员还要虚弱。因为能够想象出一个世界，充满激情地描写感情，塑造出像安娜·卡列尼娜或利奥波德·布卢姆这样栩栩如生的人物的作家，似乎是强大无比的，但实际上他也许是最羸弱无助的。悬崖峭壁是他每天都要去的地方。具有讽刺意味的是，曾经退回了预约的《尤利西斯》的正人君子安德烈·纪德，在乔伊斯死后说，对于乔伊斯，还有马拉美（Mallarmé）[②]和贝多芬等不可多得的艺术家，他

---

① 加缪（1913—1960）：法国小说家、戏剧家、评论家，作品反映世界的荒谬和人的孤独和无能为力，代表作有小说《局外人》和《鼠疫》，剧本《卡利古拉》、哲学随笔《反抗的人》等，获1957年诺贝尔文学奖。

② 马拉美（1842—1898）：法国诗人，象征派代表，追求在诗中表现“绝对世界”，对法国现代诗有深远影响，主要作品有诗篇《牧神的午后》、诗剧片断《埃罗提亚德》等。

最为佩服的是他们的作品中本身立起了一道悬崖，其天才的陡峭一面始终是神秘莫测的谜。

一时没有写作的条件。乔伊斯仍然拿着他的笔记本，到处记下古怪的词语，然而对他来说，《芬尼根的守灵夜》还没有完成，因为世界还没有向它敞开大门。当被问及下一部作品将写什么时，他说那将是一个短篇，然后他又说他酷爱希腊语，想写一部关于现代希腊革命的剧作。假如他真活到了能完成此事的时候，那么利菲河无疑要侵入“葡萄酒般的黑暗大海”了。

作为英国公民，乔伊斯和诺拉在德军占领的法国是有危险的，而乔治亚则有可能被征召入伍。这家人决定迁移到中立国瑞士，然而整个过程却像是卡夫卡的小说，充满了耽误和折腾，以致险象环生。他们首先就准予他们避难的问题接洽了瑞士当局，接下去就要经历一连串官僚主义的繁文缛节。由于某个办事员把乔伊斯和他笔下的人物利奥波德·布卢姆混淆了，乔伊斯曾被怀疑为犹太人。然后是钱的问题，乔伊斯宣布拥有的财产实在是太少了，瑞士方面要求他们提供五万法郎的保证金。幸亏他在瑞士的一位老朋友保罗·鲁杰罗（Paul Ruggiero）和文艺批评家卡罗拉·吉丁－韦尔克（Carola Giedion-

Welcker）出面奔走，设法将这个数目降低到他们可以接受的二万法郎。

这些事情都办妥后，又需要获得维希政府的签证，需要动用更多的关系。法兰西学院的一名代表被派到了小镇上，令小镇居民深受教育。终于，签证的章盖在了他们的护照上，却发现诺拉和乔伊斯的护照都已过期了。乔治亚骑了辆自行车来到美国使馆的临时代办处，好说歹说，说服一名办事员为他们更新了护照，尽管他根本没有那个权力。最后一项“荷马史诗式”的冒险经历是设法在黑市上买到了一加仑汽油，这才保证他们能够开车到达火车站。

1940 年 12 月 15 日，四名“伯利恒人”上路了，他们身上几乎没带什么钱，只拎着一只手提箱，坐了十九个小时的火车，终于抵达了安全地带。乔伊斯本指望在瑞士一旦安顿好，就能得到允许，把露西娅从布列塔尼接过来。然而他到瑞士还不足一个星期，德国当局就撤回了露西娅的离境许可，并不再准许任何私自跨越法国边界的行动。乔伊斯没有留下最后的遗言，我们不知道他还有什么重要的话想对露西娅说。但他是个脆弱的人，满腹心思都在露西娅身上，他拒绝进食，尽管不拒绝饮水。当鲁杰罗无意中把帽子放到了床上时，乔伊斯跳起来喊道："鲁杰罗，快把帽子从床上拿开，那意味着有人要死。"然而这个要死的人就是他自己。

"哦，金赤。你的处境危险呀。"① 年轻的斯蒂芬·迪达勒斯曾这样说，说的是年轻的乔伊斯需要面对的性陷阱，然而现在他要面对的却是最可怕的陷阱——死亡。1月，在克罗尼海勒餐厅（Kronehalle）的一次小型宴会后，乔伊斯感到腹部绞痛，打了一针吗啡以止痛。一天后他被放在担架上送进了医院，他在担架上疼得不停地扭动，在医院里被诊断为十二指肠溃疡穿孔。他已罹患此病多年，诺拉曾怀疑是这种情况，但医生们却把乔伊斯的所有不适都归咎于他"神经紧张"。

就在手术前，他向乔治亚谈起了终其一生经常折磨他的两件事——他担心自己精神失常，担心缺钱。他从来没谈论过死亡，当有一次有人问他对来世的看法时，他说他的确对此没有想太多。纳沙泰尔（Neuchatel）的两名士兵为他输了血。那个地区出产的葡萄酒为乔伊斯所钟爱，他将其中的一种命名为"真正的仲夏夜之梦"。

---

① 参见《尤利西斯》第九章。

手术进行得很成功，但第二天他又陷入了昏迷。他曾请求将他妻子的床摆放在他的床旁边，但医院方面建议诺拉母子都回家去，乔伊斯便死了，像他母亲一样，死于一个月的第十三天，一个他一向认为不适于出行的日子。

他的葬礼在弗伦特恩公墓（Fluntern Cemetery）举行，仪式很简朴。诺拉和乔治、一些朋友、两位瑞士高官出席了葬礼，一位男高音歌唱家马克斯·梅里（Max Meili）唱了蒙特威尔地（Monteverdi）[①] 的《别了我的天，别了我的地》（*Addio terra, addio cielo*）。一位英国大臣德温特勋爵（Lord Derwent）说，爱尔兰将继续“通过出产文学杰作，持续不断地报复英国”。爱尔兰本身则只是由诺拉挑选的一个制成了竖琴形状的绿色花圈来代表。保罗·鲁杰罗曾建议请一位牧师来，诺拉说她不能对吉姆做这样的事。一个和乔伊斯家住在同一幢膳宿公寓里的老人，因为想找点事情打发时间，便跟在了送葬的人们后面。他不停地问要下葬的是什么人，殡仪馆的工作人员回答说是“乔伊斯先生”。那个闲荡的老人问了一遍又一遍，

---

① 蒙特威尔地（1567—1643）：意大利作曲家，创立威尼斯歌剧风格，对后世音乐有很大影响，主要作品有《奥菲欧》、《尤利赛返乡》、教堂音乐及牧歌（九卷）等。

也一遍又一遍地得到了同样的回答。

假如乔伊斯先生还活着，那么这会是他很愿意写下来的事情——他会写得既诙谐又有趣，将有关生与死的所有悲伤和困惑都写出来。

参考书目

James Joyce，Richard Ellmann

The Consciousness of Joyce，Richard Ellmann

My Brothers' Keeper，Stanislaus Joyce

James Joyces' World，Patricia Hutchins

Joyces' Book of the Dark，John Bishop

Joyces' Cities，Jackson I. Cope

James Joyce and the Question of History，James Fairhall

Joyces' Lives，Bernard McGinley

Portraits of the Artist in Exile，Willard Potts（ed.）

James Joyce and Sexuality，Richard Brown

John Stanislaus Joyce，John Wyse Jackson/ Peter Costello

Nora，Brenda Maddox

Samuel Beckett，Deirdre Bair

Reflections on James Joyce，Stuart Gilbert

The Making of Ulysses，Frank Budgen

The Scandal of Ulysses，Bruce Arnold

Conversations with James Joyce，Arthur Power

企鹅人生

Penguin Lives

乔伊斯	[爱尔兰] 埃德娜·奥布赖恩　著
简·奥斯丁	[加] 卡罗尔·希尔兹　著
佛陀	[英] 凯伦·阿姆斯特朗　著
马塞尔·普鲁斯特	[美] 爱德蒙·怀特　著
伍尔夫	[英] 奈杰尔·尼科尔森　著
莫扎特	[美] 彼得·盖伊　著
安迪·沃霍尔	[美] 韦恩·克斯坦鲍姆　著
达·芬奇	[美] 舍温·努兰　著
猫王	[美] 鲍比·安·梅森　著
圣女贞德	[美] 玛丽·戈登　著

图书在版编目（CIP）数据

乔伊斯/（爱尔兰）奥布赖恩著；李阳译.
—北京：生活·读书·新知三联书店，2014.1
（企鹅人生）
ISBN 978-7-108-04775-5

Ⅰ.①乔… Ⅱ.①奥… ②李…
Ⅲ.①乔伊斯，J.（1882~1941）—传记
Ⅳ.①K835.625.6

中国版本图书馆 CIP 数据核字（2013）第 273440 号

总 译 审　胡允桓
策划编辑　刘　靖
责任编辑　颜　筝
特约编辑　赵　轩
装帧设计　蔡立国　索　迪
版式设计　薛　宇
责任印制　卢　岳
出版发行　生活·讀書·新知 三联书店
　　　　　北京市东城区美术馆东街 22 号
邮　　编　100010
网　　址　www.sdxjpc.com
图　　字　01-2012-8489
经　　销　新华书店
印　　刷　北京市松源印刷有限公司
版　　次　2014 年 1 月北京第 1 版
　　　　　2014 年 1 月北京第 1 次印刷
开　　本　787 毫米 × 1092 毫米 1/32
字　　数　142 千字　　印张　9.25
印　　数　0,001—8,000 册
定　　价　38.00 元
印装查询：010-64002715
邮购查询：010-84010542